1〜5歳のおべんと生活

※子どもの成長には個人差があります。あくまでも目安です。

1歳 / 2歳 / 3歳 / 4歳 / 5歳

手づかみ食べ → 手づかみ食べ
手のひら握り → 指握り → スプーン&フォーク
握りばし → ペングリップ → おはし

おはしで食べられるようになるまで

手づかみ

チャレンジ
手でつかみ、口に運ぶのも大変

できた！
手でつかんで口に入った！

スプーン&フォーク

チャレンジ
すくったり、さすのも大変
うまく口に持っていけないよー

できた！
すくえた　させた！　運べた!!

おはし

チャレンジ
おはしを握ってさしたいけど
バラバラくずれてイライラ

できた！
おはしでつまめた
口に運べた！　やった!!

子どもの特徴

遊び食べ
むら食べ
偏食
ママもイライラ

歯が20本生えそろって、かむ力がUP！

言葉も増えて、コミュニケーションがとれるように

食べられるものも増えて自信マンマン

おべんとうづくりにも参加したい！

子どもへの言葉かけ

生活リズムを整え、おべんとうを使って気分転換をしながら励ましを
「おべんとうを持っておうちでピクニックよ！」「ワーイ！」

2歳の壁を越えると子育ては新境地に

ほめて、のせて、より自信マンマンに
「スゴーイ！」
「パパとママと同じものが食べられるね！」

どんどん食事づくりに参加を
「お願い！」「助かるわ！」
「じょうず！」「よろしくね！」

食べやすいおべんとうの進化

	手づかみ食べ（1歳～）	手のひら握り（1歳半～）	指握り（2歳～）	握りばし（3歳～）	ペングリップ（4歳～）
		スプーン&フォーク		おはし	
おべんとう例	**ちぎりのりのころ丸おにぎりべんとう**（P42）  Point・・・持ちやすく 歯ぐきでつぶせる硬さ。パサパサしすぎないものを。	**キャベツシュウマイべんとう**（P45）  Point・・・つきさしやすく さしてもくずれずついてくるもの。厚みをもたせて転がらないように切る。	**ドリアべんとう**（P47）  Point・・・すくいやすく とろみをつけてすくいやすく、くっつきやすいものに。	**ひとくち筑前煮べんとう**（P52）  Point・・・つきさしやすく ある程度の硬さがあって、おはしでグッとつきさせるものを。	**カジキマグロのねぎマヨべんとう**（P55）  Point・・・大人とほぼ同じものに おはしでつまんで食べられるもの。かんでうまみが増すものを。
主食	蒸しパン（P41） ちぎりのりおにぎり（P42） チヂミ（P43） クレープ フレンチトースト	ちょっと苦手!? 硬さ軟らかさが違うため、むいて食べる レタスサンド のりおにぎり いなり寿司 ジャムロール クリームコーンのショートスパゲティ（P44）	グラタン 焼きそば（P48） オムライス（P49） 中華丼（P76）、親子丼、目玉焼きのっけ丼（P13）など	歯が生えそろい、むかずに食べられるように いなり寿司（P52） のりおにぎり 野菜のカレーソテーサンドイッチ（P51） のり巻き ハンバーガー ホットドッグ	チャーハン 三色ご飯 焼きうどん（P54） のりご飯（P53）
主菜	チキンナゲット（P41） 白身魚のピカタ（P27） 豆腐ハンバーグ	皮なしウインナー シュウマイ ごぼう入りハンバーグ（P46）	かに玉あんかけ 細切り肉の炒めもの	焼き魚（鮭） 肉巻き（P53他） 皮ありウインナー	とんかつ わかさぎの天ぷら（P74） スコッチエッグ
副菜	煮野菜、ゆで野菜（P42） 葉っぱものはゆでて混ぜ込む（お好み焼きなど）	フライドポテト ポテトサラダ	野菜の塩もみ 野菜炒めにとろみをつける	筑前煮（P52） フリッター（P77）	きんぴらごぼう 青菜のおひたし

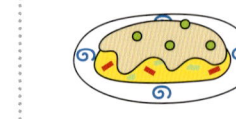

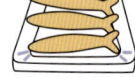

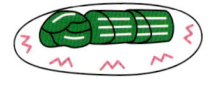

いただきます！シリーズ

1〜5歳の
おべんと生活

太田百合子
こどもの城小児保健部
●●●
田中可奈子
料理研究家

赤ちゃんとママ社

はじめに

こどもの城小児保健部　太田百合子

児童館のお昼どきになにげなく親子を見ていると、1歳くらいの子どもとお母さんが、いすに座って手づくりのおべんとうを食べていました。その子は、子ども用のおべんとう箱から少しずつ手づかみで食べていました。その親子のまわりには、フォークを使って食べている子もいました。

みんなと食べる昼食は、なんとも楽しそうではありませんか。お母さんたちもリラックスしてなんとも優雅です（実際は、子どもたちが動き回ったりこぼしたりで、とても優雅ではないと怒られそうですが）。

ある保護者の方は「子どもはお腹がすくと不機嫌になるし、まだ外食をするのは大変だから、おべんとうを持ち歩いていると安心です」とおっしゃいました。

確かに、外で遊んでいると、お友達が集まり始めて、遊びに熱中するころには昼食の時間です。せっかく遊び始めたのに、昼食をつくるために慌てて帰るのはもったいないし、帰ってから急いでつくっても子どもは待ちきれなくてお昼寝してしまい、せっかくつくったのに食べてくれなくてがっかり、なんてこともよくあることです。食事を1日3回、決まった時間にとらせることができないと悩んでいるお母さんたちが多いのもうなずけます。

1～2歳のころは、正しい生活習慣を身につける大切な時期です。友達と思いっきり遊ぶと、ちゃんとお腹がすいて食事時間が待ちどおしくなります。この空腹になることが、生活習慣づくりには必要なのです。

また、お母さんは、昼間に1人ぼっちで子育てするよりも、外出して同じ子育て中の保護者の方々と交流したほうがストレス発散になります。外出にはかなりの準備も必要ですが、おべんとうを持ってでかけると時間に余裕が得られます。時間を有効に使うことは、子育てを楽しくする方法のひとつです。子どもたちにとって、他の人たちがおべんとうを食べている姿を見ることも、「楽しく食べる」ことにつながっているようです。

おべんとうの中身は、子どもが普段食べている献立内容で十分です。1、2歳児では集中して食べなかったり遊んでしまう「遊び食べ」や、一時的に同じものばかり食べる「ばっかり食べ」の時期ですから、今、子どもが好きなものを詰めてあげればいいのです。

少しだけ栄養のバランスを考えて年齢に合った食べやすさの工夫をすれば、それだけしかないのですから、空腹な子どもはあまり好きでないものもパクリと食べたりします。

この本には、おべんとうづくりのテクニックや見映えだけではなく、「食育」につながる大切なヒントやメッセージが含まれています。「1歳からのおべんとう」というのがポイントです。家庭の中でも応用できそうですね。

今は、昔と違って、外へでかけないと他の保護者の方や子どもたちとの交流ができない時代です。お母さんやお父さんは、子どもと一緒にどんどん外へでかけて欲しいと思います。しかし、外にでかけると、普段の食事のリズムが乱れがちになるので、これからのおべんとうの役割はより重要になります。

実際には、おべんとうの本というと、幼稚園に通う3歳以降が対象のものが多く、本書のように3歳までも含めたおべんとうづくりの本はあまり見たことはありませんが、現代版子育てのひとつに加えて欲しいと思います。今の子育てに、見て、読んで、参考にしてくだされば幸いです。

CONTENTS

◆もくじ

PART 2

食べる意欲を育むおべんとう

PART 3

PART

1

いつでもどこでも…

おべんとうって、楽しい

CASE 1

いつでも どこでも おうち編

食事は日に3度、毎日のことだけに、親の悩みはつきません。でも、食卓におべんとうをプラスする発想で、日ごろのトラブルが解消されることも。

まんねり気味 ダラダラ食べの A子ちゃん

幼児は、見た目や気分次第で食欲が違ってきます

ママと一緒のいつもの食卓、なんだかメニューもまんねり気味、ダラダラ食べも始まって…。そんなとき、普段のメニューをおべんとう箱に詰めてあげると、目先が変わり、集中して食べることがあります。

幼児期に大事なのは、「食事の時間は楽しいもの」と子どもに伝わる雰囲気づくり。見た目や気分で食欲が変わる時期なので、好きな抜き型でかわいらしく盛りつけてあげる、思いきって部屋にレジャーシートを敷いてピクニック感覚で食べてみるなど、そんなちょっとしたアイデアひとつで、いつもの食事が数倍おいしく感じられるものなのです。

もちろん集中力を損ねるテレビやビデオは消し、親も一緒におべんとうタイムを楽しみましょう。

自分でつけて食べるから食欲倍増！

お楽しみ ディップべんとう

memo このおべんとうの楽しいところは、好きなディップを選び、自分でつけながら食べるところ。いつもの野菜も、味を変えていろいろ試したくなります。スティック状の野菜が、手に持って食べやすいのもポイント。

※材料はすべて［子ども1人分］。

◆豆腐とごまのディップ

材料◆木綿豆腐1/6丁／すりごま大さじ1／しょうゆ小さじ1／ごま油小さじ1/3／マヨネーズ小さじ1

つくり方◆❶豆腐を電子レンジで1分間加熱し、ざるにあげて自然に水が切れたらつぶす。❷すりごま、しょうゆ、ごま油を加えてよく混ぜてからマヨネーズを加えてさらに混ぜる。

◆たらこクリームチーズのディップ

材料◆クリームチーズ30g／たらこ小さじ1／玉ねぎみじん切り小さじ1（苦手な場合はなし）／マヨネーズ大さじ1／レモン汁少々**つくり方**◆クリームチーズに、たらこをほぐしたものと、よく水にさらした玉ねぎのみじん切り、マヨネーズを入れて混ぜる。レモン汁を入れるとさっぱりする。

◆ツナマヨのディップ

材料◆ツナ（缶詰）小1/3缶／玉ねぎみじん切り小さじ1（苦手な場合はなし）／パセリ少々／マヨネーズ大さじ1

つくり方◆ツナは、油を切ってほぐし、よく水にさらした玉ねぎのみじん切りとパセリ、マヨネーズを入れて混ぜ合わせる。

◆なんでもスティック

材料◆じゃがいも1/4個／アスパラガス1本／いんげん2本／食パン6枚切り1/2枚／ミニトマト2個

つくり方◆❶じゃがいもは、電子レンジで加熱して、皮をむいて持ちやすいようにスティック状にする。❷アスパラガス、いんげんも、ゆでてスティック状にする。❸パンはスティック状に切ったら、軽くトーストする。❹ミニトマトは湯むきをする。

◆ウズラ卵のめんつゆ煮

材料◆ウズラの卵3個／めんつゆ小さじ1

つくり方◆ウズラの卵はゆでてから殻を取り、めんつゆで転がしながら煮て色をつける。

CASE 2

いつでも どこでも おうち編

いつも残してばかり小食のB子ちゃん

食べきれる量をおべんとうに達成感を味わわせてあげて

少ししか食事をとらない場合、まず運動不足や生活リズム、おやつの与え方など、生活全体を見直す必要があります。でも、食べられる量にはもともと個人差があります。一見小食に思えても、元気で順調に成長しているなら、その子にとっては適量。こわ〜い顔での無理強いは、避けたいですね。

おべんとうの魅力のひとつは、一食分のメニューを、ひとつの箱に詰めて出せるところ。食べた量がわかりやすく、親にとっても子どもの適量を知る手がかりになります。また、彩りを意識して様々な食材を取り入れることで、少量でもバランスのとれたメニューを与えられます。

小さめのおべんとう箱に食べきれるだけの量を詰めて、「全部食べられた！」という達成感を味わわせてあげましょう。

コンパクトで栄養満点！ ぱっくんシュウマイべんとう

memo 子どもの小さい口でもひとくちでぱっくんと食べられるシュウマイ。中身には、少しずついろいろな野菜が混ざって入っています。小さなおべんとう箱でも、彩りよく詰めれば栄養バランスは満点！ 気分が変わって食欲も増します。

※材料はすべて[子ども1人分]。

◆ぱっくんシュウマイ

材料◆シュウマイの皮3枚／白身魚のすり身（市販）40g／にんじん、玉ねぎ、たけのこ、しいたけ各みじん切り小さじ1／えびまたはほたての貝柱たたいて大さじ1／飾り用として：ハム、グリーンピース、コーンなど少々

つくり方◆❶ゆでたにんじんと玉ねぎ、たけのこ、しいたけをみじん切りにしたものを白身魚のすり身に混ぜ合わせる。❷細かくたたいたえびかほたての貝柱と①を混ぜる。❸②をシュウマイの皮で茶きんのように包み、ハムなどで飾りをつけて約5分間蒸す。

◆かぼちゃの煮物ごまがらめ

材料◆かぼちゃ2㎝角6個／砂糖小さじ$\frac{1}{3}$／しょうゆ少々／すりごま小さじ$\frac{1}{2}$

つくり方◆かぼちゃは、約2分間電子レンジにかけて、熱いうちに砂糖、しょうゆ、すりごまを順番にからめる。

◆ちりめんじゃこと小梅の混ぜご飯

材料◆ちりめんじゃこ小さじ2／カリカリ小梅1個／ご飯子ども用茶わん1杯

つくり方◆❶ちりめんじゃこは、熱湯をかけて軽く塩を抜く。❷ご飯にカリカリ梅の種を抜いて粗いみじん切りにしたものとちりめんじゃこを混ぜる。

◆ぼんぼん寒天（5〜6個分）

材料◆寒天パウダー2g／水$1\frac{1}{2}$カップ／砂糖大さじ6／レモン汁大さじ1／果物適宜

つくり方◆❶鍋に水を入れて火にかけ、寒天パウダーを振り入れて、完全に溶かす。砂糖を加えて、レモン汁で風味をつける。❷おちょこにラップを敷いて①を流し、果物を入れて輪ゴムなどで口を縛り冷蔵庫に入れるか、常温で固める。

★バリエーションとして、水を1カップにして、砂糖が溶けたら牛乳やヨーグルトを$\frac{1}{2}$カップ入れると、白い寒天になる。または、$\frac{1}{2}$カップのジュースにしてもよい。中に入れる果物はお好みで。

CASE 3

いつでも どこでも おうち編

家事や育児で時間がな〜い 手抜きしたいC子ママ

こんなときこそおべんとうで 親の愛情をさりげなく演出

育児に家事に大忙しのママ。ゆっくり食事をつくる余裕がないときは、パパッとつくれて1品か2品ですむ簡単メニューが本当に便利。フリージングを利用したり、残ったおかずをアレンジしたり…、機転を働かせて上手にのりこえたいところですね。

普段はお皿にドーンと盛りつけてしまう手抜きメニューも、お気に入りのおべんとう箱に詰めてあげれば、子どもはニコニコ顔に。

もちろん、ある程度の栄養バランスは考慮して。こんなときだからこそ、親の愛情が伝わるメッセージカードを添えたり、好きなキャラクターの食具を使うなど、ちょっとした「お楽しみ」をプラスしてあげましょう。

残り野菜でササッとできる

目玉焼きのっけ丼べんとう

memo 子どもは丼ものべんとうが大好き。残り野菜をサッと炒め、目玉焼きをのせただけの簡単メニューですが、赤ピーマンを加えたことで見た目のおいしさがアップ。おせんべいのおまけを添えれば、手抜きなんてバレません。

※材料はすべて［子ども1人分］。

◆野菜炒めの目玉焼きのっけ丼

材料◆キャベツ$\frac{1}{3}$枚／玉ねぎ中$\frac{1}{10}$個／ピーマン（赤と緑）各$\frac{1}{6}$個／しいたけ$\frac{1}{2}$枚／もやし$\frac{1}{6}$袋／サラダ油大さじ1／塩小さじ$\frac{1}{4}$／酒小さじ1／中華スープの素少々／片栗粉小さじ$\frac{1}{2}$／ご飯子ども用茶わん1杯／ウズラの卵2個、サラダ油少々

つくり方◆❶キャベツ、玉ねぎ、ピーマン、しいたけを千切りに、もやしは短く切る。❷フライパンにサラダ油を熱し、①の野菜をシャッキリと炒めて塩と酒で味つけし中華スープの素を加えた後、片栗粉のとろみでとじる。❸おべんとう箱に詰めたご飯の上に②をかけ、ウズラの卵でつくった目玉焼きを上にのせる。

◆チーズせんべい

材料◆ピザ用チーズ大さじ2／サラミ、ごまなど適宜

つくり方◆❶フライパンにピザ用チーズをのせて火にかけて、チーズがグツグツあわ立ったら、みじん切りのサラミやごまをパラパラとトッピングする。❷火を止めて、そのままおくと固まってパリッとはがれる。

CASE 4

いつでも どこでも おうち編

なんでも「イヤ」と自己主張するDちゃん

自己主張は成長のあらわれ。おべんとうづくりに参加させて

2歳前後の自我が芽生えてきた子どもは、「自分」というものが意識されてきます。「イヤ」「自分で」と自己主張をするのは、これまでなんでも親に頼ってきた子どもが、自立に向けて一歩進んだ証拠。むしろプラスイメージとして捉えてよいのです。

この時期の子どもとうまくつき合うコツは、大人が先まわりをしてしまわずに、「自分でやった」という満足感を持たせてあげること。好きなおべんとう箱を選ばせたり、「何を詰めようか」と一緒に考えたり。子どもは参加することで、食べることに主体的になれるのです。いきなり「ご飯よ」とせかすのではなく、前もって声をかけてあげたり、子どもが自分で食べられるメニューを考えてあげるなどの配慮も忘れずに。

型抜きサンドべんとう

型を選ぶのも、抜くのも楽しい！

memo 子どもの「やりたい気持ち」を満足させるおべんとう。まだ手の動きが未熟な子どもでも、型抜きでパンを抜いたり、具をはさむだけなら大丈夫。「次は何をはさもうか」…あれこれ相談しながら一緒につくるのも楽しいもの。少しくらい汚しても許してあげましょう。

◆型抜きサンドイッチ※材料は［子ども1人分］。

材料◆サンドイッチ用パン2枚／チョコスプレッド、いちごジャム、ハムなど適宜

つくり方◆❶パンを2枚1組にして4つに切り、1枚は子どもに好きな型を選ばせて型抜きをさせる。❷型を抜いていないもう1枚のパンに、チョコスプレッドやいちごジャムを塗ったり、ハムをのせたりして、その上に①を重ねて、具が見えるサンドイッチにする。

※材料は［大人1人+子ども1人分］。

◆鶏ささみと豆のトマト煮

材料◆鶏ささみ2本、塩少々／パプリカ⅓個／玉ねぎ中⅓個／にんじん中½本／豆の水煮（缶詰）100g／バター大さじ1／トマトの水煮（缶詰）1カップ／ブイヨンキューブ1個／砂糖、塩各少々

つくり方◆❶鶏ささみは、ひとくち大に切って軽く塩を振る。❷パプリカ、玉ねぎとゆでたにんじんは1.5cm角に切り、豆の水煮は水気を切っておく。❸バターを溶かしたフライパンで鶏ささみを焼いて1度取り出し、②を入れて玉ねぎが透き通るまで炒める。❹③に豆、鶏ささみ、トマトの水煮、ブイヨンキューブを入れて軽く煮込む。トロリと煮えたら、砂糖、塩で味を調える。

※材料は［大人1人+子ども1人分］。

◆プルーンのりんごジュース漬け

材料◆プルーン6個／りんごジュース適宜

つくり方◆プルーンは種を抜いて、ヒタヒタのりんごジュースに漬ける。半日くらい置くと、ふっくらする。

★冷蔵庫に入れて10日間くらいは保存が可能なのでつくっておくと便利。

まとめ

いつでも どこでも おうち編

おうちでの食の悩みを おべんとうが解決します

毎日の生活に変化をもたらす「おうちで食べるおべんとう」

大人がつくったおべんとうが、子どもは大好きです。「おべんとうはでかけるときに持って行く、特別なもの」…そんなイメージがありますが、発想を変えて考えてみると、おべんとうほど手軽に、普段の食事を楽しく演出できるものはありません。

食卓は、子どもにとってからだづくりや健康の基であると同時に、おいしさや楽しさを学ぶ場でもあります。けれどもこの時期、子どもは大人の思う通りに動いてはくれません。なんでも「イヤ」とはねのけたり、遊び食べでボロボロこぼしたり、せっかくつくった食事を残してしまうこともたびたび。でもどんなに手を焼いても、イライラしても、うちの中にいるかぎり、そばにいる大人がつき合ってあげるしかありません。

しかし、子どものほうは、大人と二人きりで過ごす部屋の中では、テレビやビデオを見たがったりして、どうしてもダラダラと過ごしがち。そういう状況では、なかなか楽しい食卓を演出するのは難しいですね。

そんなときに少しだけゆとりをもたせ、新鮮な空気を取り入れるのが、「おうちで食べるおべんとう」です。おべんとうは「特別なもの」という今までの発想を捨て、普段の食卓を豊かに演出するひとつの手段として、気軽に取り入れてはいかがでしょう。

おべんとうは、食への興味や意欲にも発展します

おべんとうは、楽しい気分を味わえるだけではなく、他にもいくつかの良い点があります。

そのひとつが食べやすさ。おべんとう箱はある程度の深さがあり、ふちが直角に近いので、スプーンですくったりしても食べやすく、まだ手の動きが十分でない幼児には、うってつけの器と言えます。

また、小さな空間の中にご飯やおかずが一緒に入ることで、見た目の圧迫感から開放され、「これなら全部食べられそう」という気分になれるのも、おべんとうの魅力。さらに、専用のおべんとう箱を用意してもらったり、おべんとうづくりから参加できれば、「自分のもの」という意識が生まれ、食べることに興味が生まれてきます。少し大きくなれば、おべんとうの中身を分けたり、もらったりといったほほえましいやりとりが見られるようになるかもしれません。こうしたなんでもないようなひとこまが、食べることに意欲をもち、将来豊かな食生活を送るために大事なことなのです。

基本的には普段の食事を詰めるだけで大丈夫

「ただでさえ忙しいのに、そのうえおべんとうづくりまで」と考えると、それだけでおっくうになってしまいます。

おうちの中で食べるおべんとうは、特別な工夫は必要ありません。汁物は別にしても、基本的にはいつものメニューを、そのままおべんとう箱に詰めるだけで十分。朝食をつくるついでに昼食用のおべんとうも一緒につくっておけば、何度もキッチンに立つ必要もなくなり、時間も有効に使えます。

また、「今日はおべんとうを用意してある」と思う気持ちが、忙しい大人に余裕を持たせてくれます。そのゆとりを、子どもとのかかわりのほうに向けて欲しいのです。

「そろそろおべんとうにしようかー」「今日はどの場所で食べたい？」、そんなふうに会話をはずませながら、子どもと一緒に食べる食事は、きっと大人にとってもかけがえのない時間になるはずです。（太田）

わたしの おべんとアイデア

おうち編

わが家に子連れ友達が集まるときは、それぞれおべんとうを持ってきてもらい、部屋か庭にピクニックシートを敷いて食べます。お互いに気兼ねがなくて、子どもたちも大喜びです。（I．Sさん）

つま楊枝に紙を付け、好きな絵をかいて、オリジナルの旗を。おかずやご飯にさすと、たちまちお子様ランチに。（M．Hさん）

みずぼうそうで、子どもが外に出られなかったとき、毎日おべんとうをつくって幼稚園ごっこを楽しみました。先生役は私です。いただきますの歌をうたうと病気の子もニッコリ。（N．Yさん）

パパのおべんとうをつくる日は、私と子どもの分もおべんとう箱に。お昼がラクチン。（M．Mさん）

幼稚園に通うお姉ちゃんのおべんとうと一緒に、下の子（２歳）の分も詰めてあげると大喜び。家で一緒におべんとうランチしてます。（S．Eさん）

叱りすぎたとき、兄弟げんかのあと…気分転換に畳の上にシートを広げ、いつもの食事をピクニック風に。仲直りシートと呼んでます。（J．Sさん）

Cooking ヒント 1

普段の食事をおべんとうにするときの工夫

Point 1 水分を調節する

水分の多い料理は、時間がたつと腐りやすく、汁もれしやすいのでおべんとうに向きません。詰める前に、サッと火を通して水分を飛ばすなどの工夫を。逆に水分が少ない料理はパサパサして食べにくいので、とろみでとじたりしてしっとり感を加えます。また、必ず冷ましてからふたをしましょう。

めん類 パスタなどのめん類は、冷めるとくっつきやすいのが難点。1/3～半分くらいに折ってから少量の油を入れた湯でゆでると、くっつきにくい。いつもより若干硬めにゆでる。

パン類 トーストは時間がたつとパサパサして硬くなってしまうので、フレンチトーストにしたり、しっとりした具（野菜や卵など）をはさみ、おかずと一緒に食べられるようにする。

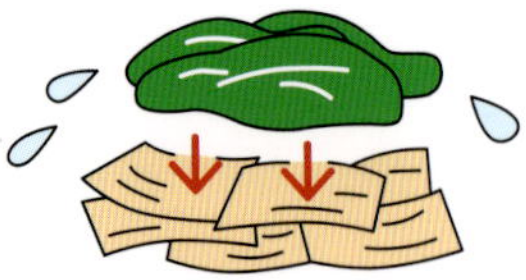

おひたしやゆで野菜 しっかり水気を切っておく。おぼろ昆布やかつお節、ゆで卵を下に敷いておくと、余計な水分を吸ってくれる。

ピラフやチャーハン そのままではパラパラして食べにくいので、しっとり感を出すために野菜を多めに入れる。あんを少量かけても。

Point 2 持ちやすさと食べやすさを考える

食べやすい形態にすることは普段の食事と同じ。外で食べるなら持ちやすさも考慮して。

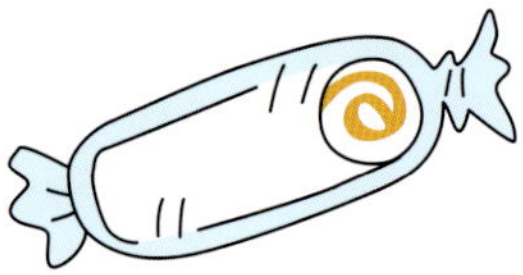

パン類 2～3歳までは、具がはさんであるサンドイッチよりも、具とパン別々がおすすめ。ラップでクルクル巻いたサンドイッチなら、手に持ちやすく、はさんだものもこぼしにくい。

ご飯 外で食べるなら、おにぎりにしたほうが断然食べやすい。硬めに握ってこぼれない工夫を。少量のラップを持参して、食べる前やくずれたときに握り直すと食べやすい。

スープ類 その場で取り分ける余裕のある場合は、注ぎ口の大きなポットに入れて行く。コップは持ち手がついていて安定感のあるものを持参。

おかず フォークでさしたときにくずれない硬さとサイズになるよう仕上げる。パラパラしたおかずは、硬めのあんなどでまとめる。

（田中）

Point 3 楽しさを演出する

おべんとうはパッとふたを開けた瞬間が勝負。いつもの食事にちょっと彩りを添えて、おべんとうならではのにぎやかさをどこかに演出しましょう。

色の濃い野菜（ブロッコリーなど）を加える。

ご飯の上にふりかけをひと振り。

揚げものにレモンのスライスをはさむ。

おかずの間に好きなキャラクターの調味料入れをはさむ。

詰め方をちょっと工夫してみる。（斜めに詰める、竹の皮やレタス、楽しい柄のばらんで仕切るなど）

色みの少ない煮物にはカラフルなピックをさす。（1〜2歳は避ける）

Point 4 調理に変化をつける

「いつもの食事、そのままだと変化がなくてつまらない」という場合には、少しだけ手を加えましょう。

衣をつける

残ったハンバーグは衣をつけてメンチコロッケに

まとめる

ひき肉と卵でつないでまとめたり、卵とじにする

つぶす

かぼちゃの煮物をつぶしてマッシュサラダに

味つけを変える

薄味で調理したものに、ケチャップや甘酢あんをかける

グラタンにする

煮物やおでんにホワイトソースをかけて和風グラタンに

和える

もう一品たして、味と食感に変化をもたせる

巻く

残り野菜を薄い肉で巻いて焼く

CASE 1

いつでも　どこでも　おでかけ編

おべんとうの最大のメリットは持ち運びができるところ。
おでかけする場所や状況によって、おべんとうの中身もずい分違ってきます。

近場の公園や広場におでかけのとき

パパッと持って行ける気軽さがポイントです

最近では、公園や広場などで、おべんとうを広げている親子の姿がよく見られます。一見、おべんとうをつくって行くのは大変そうに思えますが、お腹がすいた子どもを家に連れ帰り、それからお昼ご飯をつくるほうがかえって大変。お昼寝の時間も気になって、大人も公園などでのひとときを、心から楽しむことができません。子どもと思い切り遊んであげるためにも、おべんとうを持って行くのはかしこい選択と言えます。

朝食をつくるついでに、あり合わせの材料を調理しておべんとう箱にポン。近場なのですから、おうちの食事づくりの延長で、気軽に持って行きましょう。お気に入りの遊び場で、お友達と一緒に食べるおべんとうは、子どもにも大人にも普段の食事では味わえないような充実感があるはずです。

家にあるものを持って行くだけ

トッピングおにぎりべんとう

memo シンプルなおにぎりですが、あとから具をトッピングしながら食べることで、楽しい気分を味わえます。のりがかみ切れない小さな子には、代わりにごまを使って。ラップで包めば、おにぎりがゆるんで食べにくそうなときに、その場でもう一度握ってあげられます。

※材料はすべて[大人1人+子ども1人分]。

◆トッピングおにぎり

材料◆ご飯茶わん3杯くらい／のり巻き用のり1枚半くらい／塩適宜／トッピングの具として：チーズ、梅干、から揚げ、かまぼこ、きゅうり、ちりめんじゃこ、たらこ、ハムなど具になるようなもの

つくり方◆❶巻きすに半分に切ったのりを広げて、塩少々を振ったご飯をのせ、クルリと巻き、子どもが食べやすい大きさに切っておべんとう箱に詰める。

★のりがかみ切れない子ども用には、ラップにご飯をのせて細巻をつくり、ラップをはずしてひとくち大に切ってから軽く塩とごまを振る。

❷トッピングの具は、冷蔵庫にあるあり合わせのものを、彩りよく詰め合わせる。❸食べるときに①ののり巻きのご飯の部分にくぼみをつくって、好きなものをトッピングして食べる。

★のりがかみ切れない子ども用のおにぎりは、具をのせたら、おぼろ昆布や細いのりの帯で巻いてこぼれないようにつくる。

◆ほうれん草とコーンとミニトマトのサラダ

材料◆ほうれん草$1/2$把／ホールコーン（冷凍）$1/2$カップ／玉ねぎみじん切り大さじ2（苦手な場合はなし）／ツナ（缶詰）小1缶／マヨネーズ大さじ2〜3／しょうゆ小さじ1／ミニトマト6個

つくり方◆❶ゆでたほうれん草を食べやすい長さに切り、ホールコーンは熱湯でサッとゆでておく。❷みじん切りにした玉ねぎはよく水にさらし、ツナは汁気を絞る。❸①と②をマヨネーズとしょうゆで和えて、最後に$1/4$に切ったミニトマトを加える。

CASE 2

いつでも　どこでも　おでかけ編

移動中やちょっとした合間に食べさせたいとき

なんといっても食べやすさが一番！

子どもはお腹がすくと、待つことができません。本当なら目的地でゆっくり食事をとったり、食事の時間までに家に帰って来るのが理想的ですが、予定によってはそうもいきませんね。移動中の車の中やイベントの合間など、時と場所を選ばずに食べられて、しかも汚さない、そんなおべんとうがあったら、どんなに助かるでしょうか。

たとえば、ラップにクルクル巻いたサンドイッチ、細巻きを切らずにそのまま…、こんな簡単なメニューで大丈夫。ですが、子どもの年齢に応じた食べやすさを考慮しないと、手がかかって結果的にイライラすることに。

紙製のおべんとう箱を使うなど、持ち帰っても洗わなくてすむ工夫も考えましょう。

汚さず食べられるからママも安心

いろいろパンケーキ＆お好み焼きピザべんとう

memo 具やご飯がポロポロ落ちてこないので、子どもが手にとって食べやすいおべんとうです。パン類は水分が少ないので、果物などを添えて。色のきれいな具は、混ぜずに上にのせるようにすると、彩りがきれいに仕上がります。

※材料はすべて[フライパン1枚分]。

◆いろいろパンケーキ

材料◆パンケーキミックス100g／卵1/2個／牛乳60㎖／にんじん小1/4本／じゃがいも1/3個／かぼちゃ1㎝角20個／ホールコーン大さじ2／サラダ油少々／果物適宜

つくり方◆❶にんじん、じゃがいも、かぼちゃは、ゆでて小さなサイコロ状に切る。❷パンケーキミックスに卵と牛乳を加えてよく混ぜ、①とホールコーンを加えてくずさないように混ぜる。❸フライパンにサラダ油を熱して②を焼き、持ちやすい大きさにカットして果物を添える。

◆お好み焼きピザ

材料◆ご飯1カップ／ハム2枚／長ねぎ1/3本／キャベツ中5枚／やまいも30g／じゃがいも1/2個／小麦粉1/4カップ／卵1個／マヨネーズ大さじ2／水1/4カップ／塩少々／サラダ油少々／プロセスチーズ50g／トマトケチャップ適宜／彩りとして：ピーマン、ハムなど適宜／果物適宜

つくり方◆❶ハム、長ねぎ、キャベツはみじん切りに、やまいもはすりおろし、じゃがいもは千切りにして水にさらしておく。❷ご飯に、じゃがいもを除いた①と小麦粉、卵、マヨネーズ、水、塩を加えてよく混ぜる。❸フライパンにサラダ油を塗って、じゃがいもをこんがりとするまで焼き、上に②を流し込む。タネは少し残しておく。❹中火よりやや弱火でしばらく焼いて、ふちの上まで火が通ったら、プロセスチーズを棒状に切って埋め込みトマトケチャップを絞る。❺持って食べるときに手が汚れないよう、③で少し残しておいたタネで覆う。彩りとして、ピーマンやハムなど色のきれいな具をのせ、一度返して表面も焼く。❻ふたをして蒸し焼きにし、ふっくらと仕上げる。持ちやすい大きさに切り分け、果物を添える。

いつでも どこでも おでかけ編

CASE 3

家族総出のイベント！みんなで楽しみたいとき

ワイワイ会話がはずむ そんなランチタイムを

ピクニックや運動会などで家族みんなで囲むおべんとうは、少しだけ手をかけて、季節感を取り入れたり、華やかさを演出したいですね。メニューのアイデアを出し合ったり、子どもにもお手伝いを頼んだり、でかける前から楽しい気分を盛り上げましょう。

でも忙しい朝なので、すべてを家で仕上げようという完璧主義は無用です。食べる直前に取り分けたり、ちょっと手を加えながら食べることが、かえって家族の会話を盛り上げてくれます。

材料の切り方を工夫して薄味を心がければ、特別に子どもと大人用を分けてつくる必要もないでしょう。

みんなでワイワイ食べれば、子どもが普段苦手な食べ物も、いつの間にか克服しているかもしれませんよ。

memo その場で缶から取り出して食べるケーキのようなお寿司と、スープの楽しい組み合わせ。それぞれ好きな分だけ取り分けて食べましょう。味つけや切り方は小さい子どもを意識して。大人は味が薄ければ、その場で味を足していただきます。

お菓子かな？ と思ったら

パッ缶寿司べんとう

※材料はすべて［大人4人+子ども1人分］。

◆パッ缶寿司

材料◆ご飯3合／合わせ酢：酢大さじ3、砂糖大さじ2、塩小さじ1／干ししいたけ2枚／かんぴょう10g、塩適宜／だし汁$\frac{1}{2}$カップ、しょうゆ大さじ2、砂糖大さじ2／甘塩鮭1切れ／ごま大さじ1／絹さや5枚／えび6尾／甘酢：酢大さじ4、砂糖大さじ3、塩小さじ1／卵2個、サラダ油少々／のり、でんぶ適宜

つくり方◆❶干ししいたけは水で戻す。かんぴょうはサッと洗って塩もみし、水洗いをして透き通った感じになるまでゆでて戻す。❷①を細かくきざみ、だし汁としょうゆ、砂糖を加え、耐熱容器に入れてピッタリとラップをして電子レンジで5分間加熱し、そのまま冷ます。❸甘塩鮭は焼いて細かくほぐし、ごまを加えて混ぜる。❹絹さやはサッとゆでて千切りにする。えびは甘酢につける。卵はよく溶いてから薄く焼いて千切りにする。❺炊きたてのご飯に合わせ酢を混ぜる。❻缶の中にラップを敷いて寿司飯を$\frac{1}{2}$程度詰め、ラップをおきギュッと押さえる。❼⑥の上に②と③をちらし、残りの寿司飯をのせ、ラップでギュッと押さえて平らにする。❽卵、絹さや、えび、のり、でんぶを彩りよくのせる。❾食べるときにラップごと缶から引っ張り上げ、皿に取り出して切り分ける。

◆おぼろ昆布と梅干の即席スープ

材料◆具：おぼろ昆布、のり、しょうゆ、梅干各適宜／お湯適宜

つくり方◆即席スープは、具を別に持って行き、現地でカップに入れて熱いお湯を注ぐ。味が足りなければ、しょうゆをたらす。

◆即席漬け

材料◆かぶ3個／きゅうり2本／塩小さじ2

つくり方◆❶かぶは皮をむいて8つのくし型に切る。きゅうりは5㎜厚さの小口切りにする。❷ビニール袋に①と塩を入れてもむ。

◆れんこんのきんぴら

材料◆れんこん200g／ごま油大さじ1／砂糖大さじ1／酒大さじ1／しょうゆ大さじ2

つくり方◆れんこんは薄切りにしてごま油で炒め、砂糖と酒としょうゆで味つけをする。

CASE 4

いつでも どこでも おでかけ編

大人も子どももドキドキ!? 親と離れて食べるとき

一人でも自信を持って食べられる工夫を

家族そろってとる食事も大切ですが、保育園でのおべんとうやおばあちゃんに預かってもらうときなど、親と離れて他の人たちと食べることも子どもにとっては貴重な経験です。もちろん誰かお世話をしてくれる人はいるはずですが、親としては、「ちゃんと食べられるかしら…」そんな不安もあるのではないでしょうか。

子どもは「一人でも食べられた！」という自信がつくと、食事以外の様々なことにも意欲を示すようになります。年齢に応じた形態はもちろんのこと、安全面や、どんな場所で食べるのかなども考えて、食べやすいおべんとうをつくってあげたいですね。

そして帰ってきたら、たとえ残していても、「すごいね～、こんなに食べられたんだ」などと声をかけ、いっぱいほめてあげましょう。

つきさしやすくて、食べやすい

ひとくちピカタべんとう

memo 幼児は、おべんとう箱を手で持ちながら食べるのが苦手です。遠足などでテーブルがない場所では、おべんとう箱を下に置いたまま食べられる工夫をしてあげましょう。バラバラせずにひとくちずつ口に運べるメニューなら、こぼさず自信を持って食べられます。

※材料は［子ども1人分］。

◆白身魚のひとくちピカタ

材料◆たら1/4切れ／衣：卵1/3個、小麦粉大さじ3、水少々／ねぎみじん切り小さじ1/2／キャベツみじん切り大さじ1／塩少々／サラダ油少々

つくり方◆❶卵、小麦粉に水を加えてドロリとした衣をつくり、みじん切りのねぎとキャベツを加える。
★衣に塩を入れると、後で調味料がなくてもおいしい。
❷ひとくち大に切ったたらに、軽く塩を振り、衣をつけて、サラダ油を熱したフライパンであまり色をつけないように中火以下で焼く。

※材料は［大人2人+子ども1人分］。…★

◆きゅうりのごま油炒め

材料◆きゅうり1本／ごま油小さじ2／しょうゆ大さじ1

つくり方◆❶きゅうりは3㎝の長さに切って、縦に4つ割りにする。❷①をごま油で炒めて、しょうゆで味をつける。
★お好みで酢を小さじ1くらい入れてもおいしい。

◆にんじんご飯のコロコロおにぎり…★

材料◆米2合／にんじん中1/4本／塩小さじ1／酒大さじ1／ホールコーン（冷凍）1/4カップ

つくり方◆❶米を洗って、にんじんのすりおろしと塩、酒を入れ、水加減をしてから、ホールコーンを加え、普通に炊く。❷ひとくち大に握る。

材料は［子ども1人分］。

◆クルクルワンタンスナック

材料◆ワンタンの皮3枚／あんこ（市販）大さじ1／バナナ1/4本／ごま油少々

つくり方◆ワンタンの皮に、あんことバナナをはさみごま油を薄く塗ったフライパンで、押さえながらこんがりと焼く。または、オーブントースターでカラリと焼く。

CASE 5

いつでも どこでも おでかけ編

今日はママへのサービスデー!? パパ大活躍のおでかけのとき

パパならではのオリジナリティを尊重して

普段はあまり料理をしないパパが、自分のためにおべんとうをつくってくれる、子どもにとってこんなうれしいことはありません。つくるとなると材料から吟味したがる「こだわりパパ」、インスタント食品を並べておしまいの「手抜きパパ」…。けれどもどんなおべんとうでも、パパのやる気とオリジナリティを尊重して。パパをキッチンに引き込むコツは、あれこれ細かい注文をつけないこと。少しくらい栄養が偏っていても、見た目が悪くても、この際OKにしてしまいましょう。

みんなが「おいしかった〜」とニコニコ顔で感想を言えば、パパもきっと大満足。これをきっかけに「おべんとうづくりはまかせて」と言い出すかもしれませんよ!

思いっきりウケねらい!

ホームランバットおにぎり&サッカーボールおにぎりべんとう

memo パパらしい大胆でユーモアあふれるおべんとう。材料はパパのアイデア次第、いろいろ考えてみて。パパならではの楽しいアイデアがどこかに盛り込まれていると、子どもはびっくり! パパの株も上がります。

※材料はすべて［大人1人+子ども1人分］。

◆ホームランバットおにぎり

材料◆ご飯茶わん2杯くらい／塩少々／具：鮭、梅干、焼きたらこ、から揚げ、漬物など家にあるもの／のり適宜

つくり方◆❶巻きすにのりを広げ、ご飯をのせて塩を振り、具を並べてからグルリと巻く。❷バットに見立てて押さえながらかたちを整える。

◆サッカーボールおにぎり

材料◆ご飯茶わん2杯くらい／コロッケ（冷凍）1個／塩少々／のり適宜

つくり方◆❶カラリと揚げたコロッケを具にして、丸くおにぎりをつくる。❷表面に塩を振ってからサッカーボール風にのりを飾る。

おべんとうがあれば おでかけにゆとりが生まれます

いつもの時間に、いつもの食事を食べる安心感

子連れででかけるときに、気になるのは「食事をどうするか」ということ。行く途中や目的地でレストランを探して食べるのもよいのですが、高くつくばかりで、子どもがウロウロして落ち着かず、「結局は楽しめなかった」という声をよく聞きます。また、渋滞に巻き込まれたり、子ども向けのお店がなかなか見つからないという事態も。そうなると最悪で、空腹で子どもはグズグズ言い出し、ママとパパはイライラ。これでは、何のために家族ででかけたのか、わからなくなってしまいますね。

そんな最悪のパターンを避けるためには、とにかく「時間の使い方」を工夫すること。早めに目的地に着くように余裕を持って出発したり、夕食を自宅でゆっくり食べられるように帰宅したり、「早め早めの行動」を心がけたいものです。そして、できれば少しだけ早起きをして、簡単なおべんとうを持って行くと、時間にも気持ちにも大きなゆとりが生まれます。

幼児期の子どもは、食生活の基本的なパターンをつくっている最中。せっかくできてきた食リズムも、ちょっとしたことで乱れてしまいます。おべんとうを持って行けば、いつもの時間に、いつもの食事を食べさせてあげられるのですから、親としてもひと安心。食リズムを乱すこともないうえに、栄養面や衛生面でも安心です。

シチュエーション別に考えれば おべんとうづくりは 苦にならない

どんなものをつくって持って行けばよいかは、行き先の状況や、計画によっても違います。

たとえば、目的地に着いてからゆっくり食べられる余裕のあるときや、ピクニックのような「今日はおべんとうが主役！」というおでかけなら、腕によりをかけて、いろいろなおかずが並ぶ華やかなおべんとうをつくってもよいでしょう。逆に、スケジュールがいっぱいで、つくる時間も食べる時間も惜しい！　というときには、手早くつくれて、パッと食べられる簡単なおべんとうのほうが、

効率的ということもあります。

要は、そのときどきに何を優先させたいかを考えて、シチュエーション別にメニューを考えればいいのです。ただ、どんな場合でも子どもの食べやすさと、栄養面はある程度は考慮して。食べるまでの時間や季節によって、いたみやすいものは極力避けるなど、衛生面にも気を配りましょう。

外で食べることを生活の中に気楽に取り入れて

これまでは、どこかにでかけることを前提に、おべんとうづくりを考えてきました。でも、ときにはおべんとうを食べるだけのために、わざわざどこかにでかけることがあってもいいのではないでしょうか。

たとえば、お皿に盛ろうと思ってつくった食事をおべんとう箱に詰め、そのまま近くの河原まで自転車でひとっ走りし、おべんとうだけ食べたら帰ってきてしまう、そんな日があってもいいのです。お庭のあるおうちでしたら、みんなで庭に出て食べるだけで楽しいですし、テラスや縁側で食べるのも気持ちがいいものです。

同じ食事でも、外で食べると数倍おいしく感じるのは、きっと大人も子どもも同じはず。外の空気を吸いながらリラックスした気分で食べれば、生活そのものにゆとりが生まれてくるかもしれません。持ち運び自由自在のおべんとうなのですから、もっと柔軟に、ラクな気分で楽しみたいものです。

（太田）

わたしのおべんとアイデア

おでかけ編

外出前の30秒でできる、お手軽おにぎり。小さなのり2枚で、少量のご飯をはさんで、ラップで包んだあと叩いてのします。ポロポロこぼれないので、ぐずったときの場持たせに。　（M．Nさん）

ひもの両端に、せんたくばさみやクリップを結びつけたものを、カバンの中に。タオルをはさめばエプロンがわり。（E．Tさん）

水筒にお湯を入れて、食べる場所でインスタントのみそ汁やスープをつくると大好評。また、水を入れたペットボトルで、手やベトベトの食べこぼしをその場で洗い流しています。　（I．Kさん）

デパートの地下で好きなお総菜を買って、親子で屋上で食べると楽しいですよ。　（M．Yさん）

ビニールシートについたご飯つぶなどは取りにくいので、子どもの下には新聞紙など、そのまま捨てられるものを敷いています。　（H．Hさん）

どうしても荷物が多くなりがち。牛乳パックや空き箱におにぎりやサンドイッチを詰めて、帰りには折りたたんで持ち帰り、家のゴミ箱へ。（N．Hさん）

Cookingヒント 2

家族みんなで外で食べる楽しさ演出法

Point 1 それぞれが工夫して食べられるメニューを

大人にも子どもにも喜ばれるメニューにしたい。でも、みんなの要望にこたえて別々につくるのは大変。食べるときにそれぞれが自分で工夫できるアイデアを盛りこむと、あれこれ迷わずにすみますよ。

パンをそのまま持って行き、好みの具をはさんだりトッピングしてセルフサンドに。
（おにぎりやクラッカー、クレープなどなんでもＯＫ）

おかずの味つけはしないでおいて、それぞれ好きなソースをかけていただく。

薄味のスープを持って行き、注ぐときに、調味料と好きな具をプラスする。

Point 2 メンバーによって持ち物を使い分ける

子どもの運動会やお花見などは、長丁場になることも。ちょっと荷物になりますが、みんながリラックスして過ごせるグッズがあるといいですね。

バスタオル

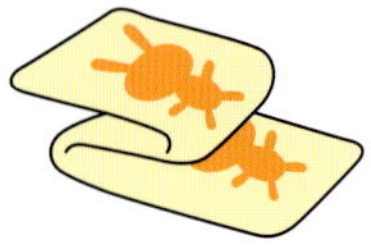

おばあちゃんのひざ掛けに。ネンネの赤ちゃんのかけ布団にもなる。

小さないすや座布団

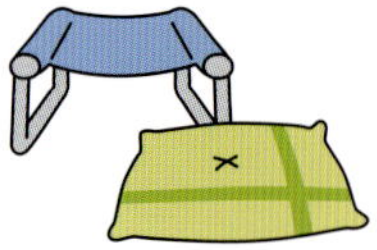

おじいちゃんたちはいすがあると疲れにくい。座布団はネンネの赤ちゃんのベッドにも。

小さなテーブル

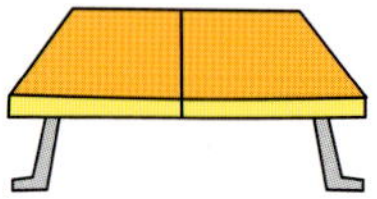

レジャー用の小さなテーブルが１つあると、小さな子でも食べやすい。

濡れティッシュ

たびたび汚す子どもには、濡れタオルよりも使い捨ての濡れティッシュのほうが衛生的。

子どもの着替え

突然服を汚しても怒らなくてすみます。

コップ

ビニールや紙製の軽いコップは倒れやすい。できたら持ち手のあるものを。

取り分け用の器

平皿よりも縁のある器のほうが子どもは食べやすい。紙製でもＯＫ。

（田中）

PART

2

食べる意欲を育むおべんとう

おべんとうって、食べやすい

おべんとうと子どもの発育との意外な関係

おべんとう箱を使って、子どもの意欲を刺激しよう！

おかゆを口に運んでもらって食べていた赤ちゃんが、わずか4～5年で自分でおはしを使ってお肉なども食べられるようになります。幼児期の成長は劇的ですが、短いようで長い道のりには、食べたり食べなかったりと、親のほうが行き詰まることもたくさんありますね。

幼児期はいつも、行きつ戻りつ。常に一進一退をくり返しながら、確実に前へ成長していきます。子どもが前進する原動力は、自分で食べたいという意欲です。食べる意欲を育てるために考慮したいポイントは3つ。食べる技術に応じた食べやすさ、歯の生え方に合わせたかみやすさ、そして一進一退をくり返す子どもを励ます言葉かけです。

では、なぜおべんとうが子どもの食べる意欲を応援するのでしょうか。おべんとう箱は、軽くて立ち上がりがあるので、食べる技術が発達途中の子どもには食べやすい器だということ。また、おべんとう箱は子どもの気持ちを盛り上げてくれる最高の助っ人でもあります。日常の食事と異なることで気分転換になり、親子のコミュニケーションも応援してくれます。おべんとうは、ただの箱のようで、実は子どもにとっては〝魔法の玉手箱〟。おべんとう箱を使って、子どもの食べる意欲を育むコツを考えてみましょう。

1歳半～2歳のころ

手づかみ食べから スプーン&フォーク習得へ

子どもにとって最初の食べる道具は、自分の「手」

です。生後9ヵ月くらいからグチャグチャと手で食事を触り始め、1歳代は手づかみ食べ全盛期。子どもは手づかみ食べをして自分で食べたい意欲を満足させながら、同時に食べ物を手でつかんで口まで運ぶ練習をしています。手づかみ食べが上手になるころと並行して、フォークやスプーンを握り始めます。最初はうまくさせなかったり、すくえなかったり、口に上手に運べずにこぼしてばかり。大人がその根気のよさにあきれるほど、子どもは何度もくり返します。それは、幼児にとってはできないことができるようになるための必要不可欠な行程なのです。

　ここで注目したい発達のポイントは、スプーンを持つときの脇の開きと手首の返し。使い始めのころは、脇がからだにくっついて、手首もうまく返せないので、口の前で食べ物をこぼしてしまいます。脇が開いて手首も返せるようになると、こぼさずに食べ物を口まで運べるようになります。

　また、スプーンの持ち方は、手の指の力と関係します。持ち始めのころは、小指のほうに力が入るので、スプーンを上から手のひらで持つ「手のひら握り」になります。まだ手首が返せないのでうまくすくえず、食べ物をさすようにすることが多いでしょう。指先に力がついてくると親指側にも力が入るので、手のひらではなく、指でスプーンやフォークを持つ「指握り」ができるようになります。

　この時期には、すくったときにスプーンにくっついてきやすいとろみ料理を用意して練習をさせるとよいでしょう。この時期の子どもはヨーグルトを好みますが、これもスプーンにくっついて食べやすいからかもしれません。コップで上手に水を飲めるようになる1歳後半ぐらいには、スプーンでもほとんどこぼさないようになります。指握りから大人と同じように鉛筆を握るような「ペンホルダー持ち」ができるまでには、かなりの個人差があり、6歳くらいまでかかる子もいます。

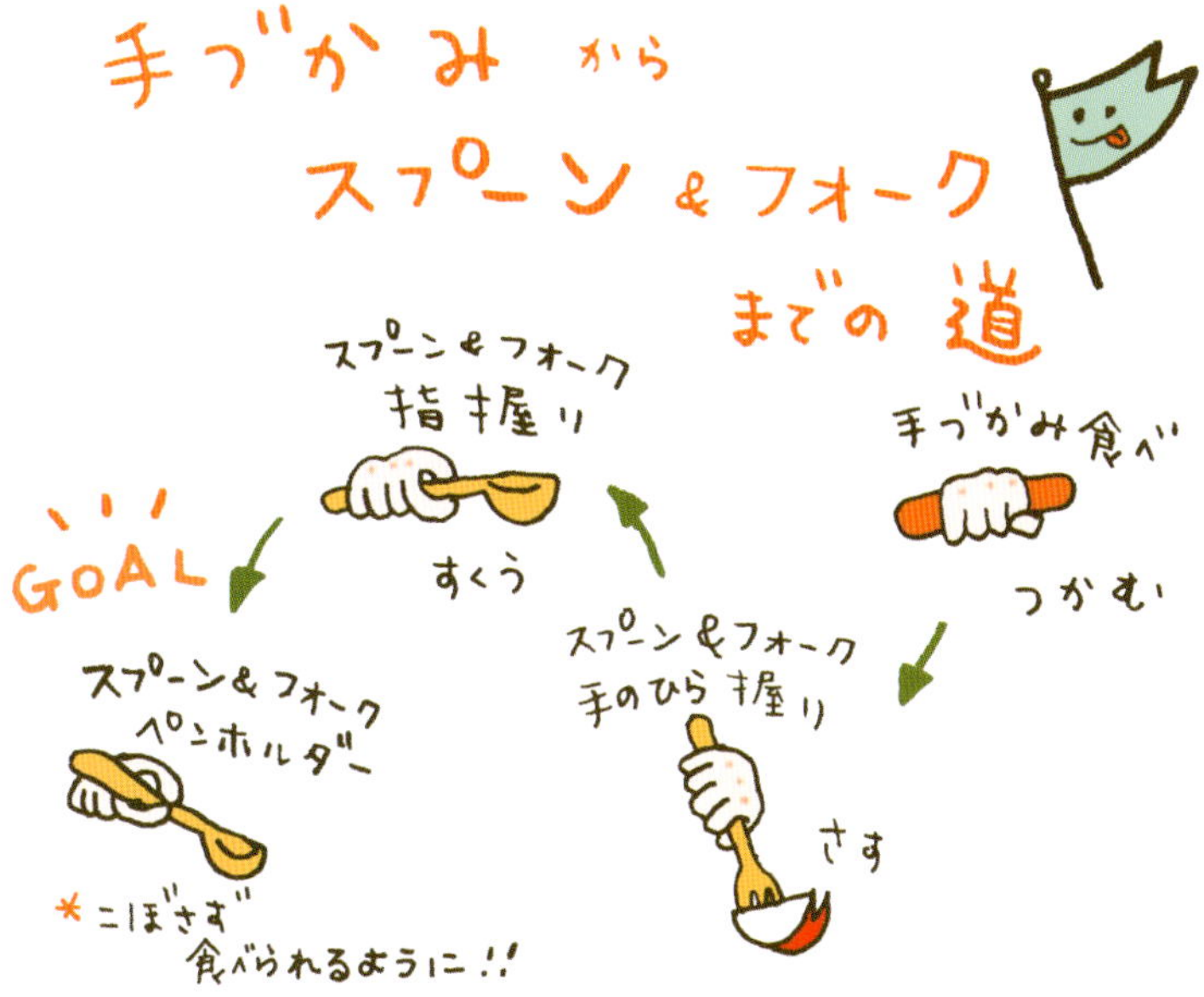

なぜおにぎりののりをむくの？

早い子では、2歳半ごろから乳歯が生えそろいますが、かみ切る力はそんなに強くはありません。繊維の多い葉っぱ類や薄切り肉などはかみ切れないため、肉類はひき肉のほうが食べやすいでしょう。また、1〜2歳の子にのりおにぎりを持たせると、のりをむき始めたりしますね。いなり寿司やのりおにぎり、レタスサンドイッチなど、外と中身の硬さ軟らかさが違うと、うまくかめないので食べずにむき出して遊び始めます。卵サンドのように、食感をそろえると食べやすくなります。このように食べやすさを考慮するのも大切ですが、むいて遊ぶことも幼児にとって自然な発達の過程なので、あまり神経質にならずに見守りましょう。

また、この時期の好き嫌いは、食べ物の味やにおい、色やかたちの他に、食べにくい、食感が嫌いなどの理由も多いものです。いつもベーッと出す食べ物は、食べやすさもチェックしましょう。

2歳の壁をのりこえれば親に自信が生まれます

1、2歳は、食べる技術だけでなく、心も大きく成長します。とくに2歳児は反抗期真っただ中。急に怒り始めて食べなかったりと、2歳の壁が大きく立ちはだかります。しかし、このころはそろそろ歯も生えそろって食べる能力やかむ力もアップし、序々にいろいろな食材が試せるようになる大事な時期。ここで大人が子どもの反抗に負けて、子どもがよく食べるからといってとろみ料理やひき肉料理ばかりを与えてしまうことがあります。しかしここが正念場なのです。

とくに子どもは、カレー、シチュー、丼ものなどのとろみ料理が大好き。味の魅力だけでなく、すくいやすくてかまずにスルスルッと食べられることも大きな理由でしょう。1〜2歳のスプーン食べ習得期には、食べやすくて重宝しますが、よくかまないので満腹感が得られずに食べ過ぎる傾向があります。3〜5歳は、そろそろ肥満の予防のことも考えたいころなので、とろみ料理ばかりに頼るのは避けましょう。

2歳は、なんでも変わり目の時期といえます。言葉で自分の思いを伝えたいけれど、うまく表現できずに、子ども自身が一番もどかしい思いを抱えています。〝売り言葉に買い言葉〟で子どもとバトルになる前に、大人のほうが一瞬冷静になって、子どもの気分を変える演出をすると食生活がずい分変わります。そんなとき、おすすめなのがおべんとう。いつもの食事をおべんとう箱に詰めて気分を変えて楽しむことで、子どもたちの気持ちは盛り上がり、親のほうも心に余裕が生まれます。おにぎりののりをむき始めたら「かめなかった？　もうちょっと大きくなったらかめるようになるから、がんばろうね」など、前向きになる言葉かけも自然に出てくるのではないでしょうか。

そうやって気分転換をしながら子どもを励まし勇気づけて、2歳の壁をのりこえられたら、3歳になるころには子どもだけでなく、大人自身が変わります。親としての自信がついてくるのです。子育ては、先が見えないからつらいこともありますが、山登りのように急場をちょっとのりこえると、それが力となってさらに挑戦する意欲がわいてきます。「子育てはラクではないけど、おもしろい」という実感がつかめたらしめたものです。

手づかみ食べのころの調理ポイント

1歳〜

手づかみしやすいかたちに……

おにぎりはひとくちサイズに、野菜類は、スティック状にすると持ちやすくなります。

歯ぐきでつぶせる硬さに……

ゆでたかぼちゃやにんじん、大根などは角をつけて切ると歯ぐきでつぶしやすくなります。葉っぱ類は繊維があってかめないのでゆでてきざみ、ご飯やお好み焼きなどに混ぜると食べやすくなります。

食感をそろえる……

のりおにぎりやレタスサンドイッチなど、外と中身の硬さが違うとかみにくいため、ちぎりのりのおにぎりやジャムロールにするなど、かみ切りやすくして、食感をそろえる工夫を。

バラバラしたものはまとめる……

ひじきやわかめなどバラバラして食べにくいものは、細かくきざんで溶き卵に混ぜて卵焼きにするなど、まとめてあげると食べやすくなります。

パサパサしすぎないように……

1、2歳のころは、パサパサしたものは口の中の水分を吸収するので食べにくく感じます。トーストよりもフレンチトースト、ホットケーキよりもチヂミやクレープのほうが、しっとり感があって食べやすいでしょう。甘味なしの塩クレープにツナマヨネーズなど水分のあるものを巻き、棒状にすると食べやすく、食事がわりにもなります。

スプーン&フォーク食べの調理ポイント

手のひら握りのころ

1歳半〜

さしてもくずれず、ついてくるもの

シュウマイなどさしてもくずれないものやショートパスタなどさすとついてきやすいものを。

転がりにくいかたちに切る……

食べ物の硬さは、ゆで野菜程度。ゆでかぼちゃやじゃがいもなどをつきさすときに逃げないように厚みを持たせて、転がりにくいかたちに切りましょう。

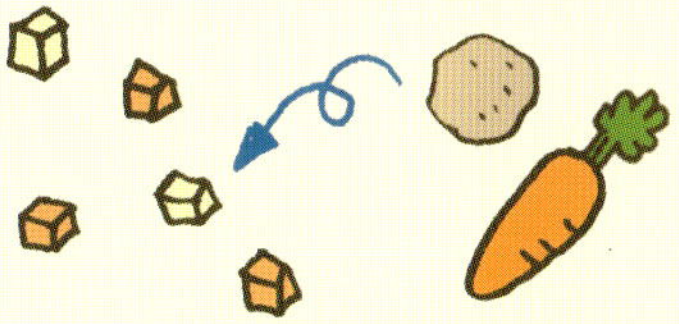

手づかみ食べできるものも用意する

スプーンやフォークでまだうまく食べられないので、おにぎりなど手づかみできるものも用意すると子どもの気持ちがラクになります。

指握りのころ

2歳〜

とろみをつけてすくいやすく……

スプーンですくってくっつきやすい卵丼・中華丼などの丼もの、ドリアやグラタン、さといもなど自然にとろみが出る素材の煮物は食べやすくなります。バラバラした葉っぱ類も、炒めたり煮た後に片栗粉でとろみをつけるといいでしょう。

ご飯はしっとり感を持たせる……

パラパラしたピラフよりもしっとり感のあるケチャップご飯などのほうがすくいやすいでしょう。

切り方をそろえる……

野菜炒めなどはすくったときにボロボロとこぼれないように、同じ大きさにして切るとすくいやすくなります。

3歳～5歳のころ

おはしの握り方は気にしないで自分で食べる意欲を大切に

3歳ごろになると、次第におはしを使いたがります。最初は、おはし2本をまとめてギュッと握って持つ「握りばし」になることが多く、おはしで食べ物をさして口に運びます。マナーは気にせずに、自分の力で一生懸命食べる意欲を大事にしてあげましょう。また、徐々にお茶わんを手に持って食べられるようになるので、軽めのおべんとう箱に食事を詰めて、おべんとう箱の立ち上がりを利用しておはしの練習もできるでしょう。

そして、4歳ぐらいになると指に力が入ってきて、鉛筆を握るような「ペングリップ」になります。持ち方はきれいでなくても、おはしではさんだり、つまんだりという動きが出ます。この時期から、マスタードなどの香辛料類を除いて、子どもが食べられる食材がグンと広がり、ほとんど大人と同じ食事に近づきます。「ママと同じだね～。大きくなったね」などと自信をつける言葉をかけてあげると、子どもの気持ちも盛り上がって食べる意欲も増すでしょう。

しかし、ちゃんとおはしの間に中指を入れて上手に動かして食べられるようになるのはまだまだ先のこと。小学校に入ってから上達している子も多いので、あせらないで見守りましょう。

おはしの使い始めはいつごろ?

幼稚園入園前には、おはしを使えるようにしなくては、と心配する保護者の方の声を聞きます。でも、あせらなくても大丈夫。入園当初のおべんとうは、おはしでさしやすいものや手づかみしやすいものを詰めて様子を見て、「友達がおはしを使っているから、負けられないぞ！」と子どもが張り切ってきたら、家でも励ましておはしを使わせるようにすると上達します。おはしの使い始めは強制しないほうがいいでしょう。また、本人のやる気とは別に、おはしを使うには指先に力が入ることが必要です。スプーンやフォークを握ったときに、指先に力が入っているかを確かめてから進めましょう。

お肉大好き！うまみがわかる年ごろに

3歳ごろには、20本の乳歯が生えそろい、かみ切る力もアップするので、いなり寿司の油揚げやおにぎりののりをはがさずに食べられるようになります。そしゃく力を鍛える時期ですが、いきなりするめや昆布など硬いものを与えてかむ練習をする、という意味ではありません。そしゃく力を鍛えるポイントは2つ。まずは、硬いものだけではなく、いろいろな食感をしめる工夫をすること。きんぴらごぼうに糸こんにゃくを入れるなど、硬いものと軟らかいものを組み合わせて、食感の違いを感じることでかむ力が育ちます。

もう一つは、料理の中に、かめばかむほど味が出る食材を入れること。肉や魚など、かむとうまみが増すタンパク質性食品を加えることで、かめばかむほどおいしくなり、だ液もたくさん出て消化がよくなります。

また3歳を過ぎると、薄切り肉などまとまった肉にかぶりつくようになります。ひき肉の場合、軟らかいのでウニャウニャッとかんで飲み込んでしまい、うまみもかみごたえもあまり感じられません。このころから、ひき肉では感じられない肉のうまみがわかってくるのです。3歳からお肉が大好きになる理由はそこにあり、食べる意欲にもつながっていきます。まとまった肉をしっかりと前歯でかじりとって、自分の舌で奥歯に運びそしゃくをして、舌の真中にそろえてゴックンする。大人が何気なくやっていることを毎日の食生活の中で、3〜5歳にかけて徐々に獲得していきます。

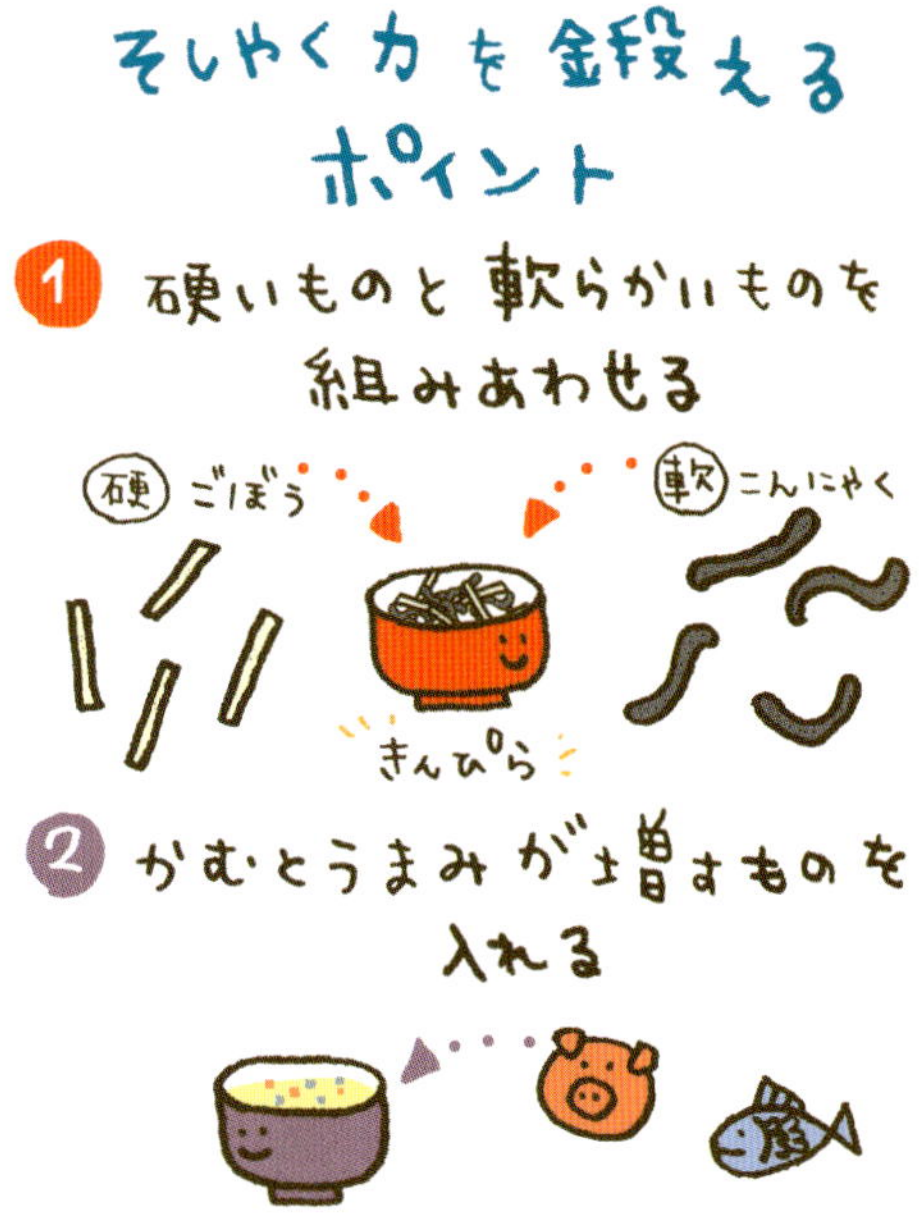

「おべんとうを残さず食べる」にこだわらないで

3歳を過ぎると自分の言葉ではっきりと、「イヤ！」と主張し始めます。幼児期の好き嫌いは、成長過程で自然に起こること。とくに3〜5歳は、自分の好き嫌いを表現してチョイスしながら、食への興味を深めていきます。好き嫌いを悪いものと決めつけて、こわい顔で怒って無理やり食べさせるのだけは避けたいもの。大人になっても、どうしても食べられないものの背景には、強制や脅しといったマイナスイメージの食体験があるようです。

また、嫌いなものを隠したり、遠ざけるのもおすすめしません。食べなくても、見せることが大事です。たとえば、嫌いなものを食べさせたくて、きざんで餃子の具にして隠すことがあります。それでは子どもは嫌いなものを自分が食べたことすら気づきませんね。今の時代、食材がたくさんあるので、にんじんが食べられなくても同じ食品群の別の食材で補えば栄養的には事足ります。しかし、幼児期の子どもにとっては、栄養補給の意味合いよりも、苦手なものを自分で食べられた達成感を味わって、自信をつけることが一番大切なのです。

そこで、好き嫌い克服にも、おべんとうが威力を発揮します。たとえば、おべんとう箱

に子どもの好きなものや嫌いなものを詰めて、家族でピクニックへ。楽しい雰囲気のときに、「一緒にせーの、で食べようか！」と応援できますね。また、親と離れて幼稚園や保育園で食べるときも、「今日は、にんじん1個だけだから、がんばって食べてね。楽しみにしてるよ！」と言葉をかけて、食べてきたら思いっきりほめてあげると、子どもも達成感が得られるのではないでしょうか。

また、食材の苦手な点を把握して、調理法の工夫をすることも必要ですね。葉っぱ類がかみ切れない時期は、ゆでてきざんでご飯に混ぜておにぎりにするのもいいでしょう。おべんとうを残さず食べることにこだわるよりも、おべんとうをうまく活用して、嫌いなものでも食べたくなる演出を考えましょう。

（太田）

おはしのころの調理ポイント

握りばしのころ　3歳～

おはし2本でグッとさしてもくずれにくいもの

おはしのほうがフォークでさすよりも割れやすいので、弾力がある硬さのものに。かむ力も増すので、軟らめに煮たごぼう、れんこんなど硬めの根野菜が重宝します。魚類は、さしてもくずれにくいカジキマグロや鮭など。くずれやすい魚はピカタやフリッターにして揚げるとつきさしやすくなります。ほたての貝柱は、火を通し過ぎると硬くなるので、やっと火が通る程度に。

ご飯類はおにぎりなどかたまりにしてあげる

まだおはしでご飯類をうまくすくえないので、手づかみできるものにしたり、まとまるようにちょっと押さえてあげると食べやすくなります。

おはしで食べられるものを1品ずつから

全部をおはしで食べなければいけないと思うとプレッシャーを感じる子もいます。おはしを少しずつ使って自信をつけるためにピックにさしておいたり手づかみできるものも用意しておきます。

ペングリップのころ　4歳～

食べやすさはほとんど大人と同じに

おはしが上手になり大人とほぼ同じ食事に。完璧には使えないので、ご飯も少ししっとりさせたり、少し押さえ気味に詰めてあげるなどの工夫を。

かんでうまみが増すものを

かむ力もつくのでおかずやおにぎりに、のり、ごぼう、かつお節、すりごまなどかんでうまみが増すものを入れると、おいしくなります。

まとまった肉が登場

かむ力がついてうまみがわかってくる3～5歳になったら、ひき肉から薄切り肉やまとまった肉をおべんとうに。

調子の悪いときは控えめに

そしゃく力がつくとはいえ、まだ幼いので、からだの調子を見ながら進めていきましょう。

手づかみで食べるおべんとうは開放感たっぷり。
手づかみ食べ全盛期の子どもたちが食べやすいおべんとうを紹介します。

STEP 1 手づかみ 1歳～

思わず手がでる人気メニュー

蒸しパンべんとう

※材料はすべて［子ども1人分］。

◆野菜たっぷり蒸しパン3種（かぼちゃ、にんじん、ほうれん草）

材料◆蒸しパンミックス100g／卵$\frac{1}{2}$個／牛乳$\frac{1}{4}$カップ／A：かぼちゃ2.5㎝角1個、プロセスチーズ小さじ$\frac{1}{2}$／B：にんじん2.5㎝角1個、アーモンドダイス小さじ$\frac{1}{2}$／C：ほうれん草葉っぱ3枚、白ごま小さじ$\frac{1}{3}$

つくり方◆❶蒸しパンミックスに卵と牛乳を加えて3等分にして、それぞれにAとBとCの材料を加える。❷①のタネを小さめのカップケーキ型の6分目まで流し入れて5分くらい蒸す。

◆チキンナゲット

材料◆鶏ささみ1本／塩少々／小麦粉少々

つくり方◆❶鶏ささみを包丁で粘りが出るまでよくたたく。❷①に塩と小麦粉を加え、ひとくち大にまとめ、まわりに薄く小麦粉をはたく。❸フライパンに②がひたる程度に油を入れて、中温できつね色に揚げる。

◆ゆでアスパラ（1本）

memo 蒸しパンは、食べるときにボロボロせず、手も汚さないで食べられます。かみにくい野菜などをタネに混ぜて楽しめるのもメリット。蒸しパンはかまずにペロペロッと食べてしまい満腹感を得にくいので、つけ合わせはチキンナゲットなど、ある程度かんでうまみが出るものがおすすめです。

memo おかずの一つ一つがコロコロしているのが特徴。手づかみしにくい肉じゃがも、卵でまとめると手を汚さずに食べられます。同じ要領でひじきやわかめなどの海草類、葉もの類などバラバラしたものを食べやすくすることも。じゃがいもやさつまいものマッシュの中に入れてきんちゃくにすればメニューも広がります。

STEP 2 手づかみ　1歳～

細かくちぎれば、のりもかめる

ちぎりのりのころ丸おにぎりべんとう

※材料は［子ども2人分］。

◆ちぎりのりのころ丸おにぎり

材料◆ご飯子ども茶わん1杯／ゆかり小さじ1/4、白ごま小さじ1/3、黒ごま小さじ1/3／かつお節ひとつまみ／佃煮昆布少々／のり適宜

つくり方◆❶ご飯を2等分にして、それぞれにゆかりと白ごまと黒ごま、かつお節と佃煮昆布のみじん切りの組み合わせを加えて混ぜ、小さなボール型のおにぎりをつくる。❷ちぎったのりを全面にまぶす。

※材料は［子ども1人分］。

◆型抜き煮物

材料◆大根3cm角1個／にんじん2.5cm角1個／さつま揚げ1/3枚／みりん小さじ1/2／しょうゆ小さじ1/2／だし汁適宜／いんげん1本

つくり方◆❶大根とにんじんは下ゆでをして型で抜き、さつま揚げはひとくち大に切りお湯で油抜きをする。❷鍋に①とみりん、しょうゆとだし汁をひたひたに入れて、ゆっくりと煮含める。色みにゆでいんげんを添える。

※材料は［子ども2人分］。

◆肉じゃが入り卵焼き

材料◆肉じゃがの煮物大さじ3／卵2個／酒小さじ2／だし汁大さじ1／サラダ油適宜

つくり方◆❶肉じゃがの具を7mm角くらいに切っておく。❷溶き卵に酒とだし汁を加えてよく混ぜる。❸フライパンにサラダ油を熱し、②を流し入れ、半熟のうちに肉じゃがを並べて巻く。うまく巻けなければ、あたたかいうちにラップなどで押さえてかたちをまとめる。

STEP 3 手づかみ　1歳〜

食感の違いを楽しめたら大成長！

桜えびのチヂミべんとう

※材料はすべて[子ども1人分]。

◆桜えびのチヂミ

材料◆桜えび大さじ1／卵$\frac{1}{2}$個／水大さじ3／小麦粉$\frac{1}{2}$カップ／塩少々／ねぎ3cm／にら2本／ごま油少々

つくり方◆❶卵を割りほぐし、水、小麦粉、塩を加えて混ぜる。❷①にねぎのみじん切りと2cmに切ったにらと粗みじん切りにした桜えびを入れる。❸フライパンにごま油を薄く塗り、タネを流し入れて焼く。

◆ゆでそら豆（8粒）

◆チーズ（3個）

memo 1、2歳は、野菜も入りしっとり感があるチヂミのほうがホットケーキよりも口の水分を吸収せず、食べやすいでしょう。細かくきざんだあさりやちりめんじゃこ、ひき肉など、かむとうまみが増すものを混ぜると調味料なしでも味わえて手を汚さずに食べられます。タネに白玉粉を入れると、よりモチモチした食感に。

STEP 4 手のひら握り（フォーク）　1歳半〜

固まりにくくて、食べやすい

クリームコーンのショートスパゲティべんとう

スプーンを口に運んであげようとしたらプイッ。
自分で食べたい意欲満々の子どもたちを応援するおべんとうです。

※材料はすべて［子ども1人分］。

◆クリームコーンのショートスパゲティ

材料◆ショートスパゲティ40g／バター大さじ$\frac{1}{2}$／玉ねぎみじん切り大さじ2／しいたけ1枚／鶏ひき肉20g／塩、小麦粉各少々／牛乳$\frac{1}{4}$カップ／クリームコーン（缶詰）大さじ3／ホールコーン小さじ1

つくり方◆❶ショートスパゲティ、または普通の長さのスパゲティは$\frac{1}{3}$に折って、お湯にサラダ油少々を入れて軟らかめにゆでる。❷みじん切りにした玉ねぎとしいたけの細切りをバターで炒め、透き通ったら鶏ひき肉を炒めて軽く塩と小麦粉を振り入れる。❸粉っぽさがなくなったら、牛乳とクリームコーン、ホールコーンを入れて、塩少々で味を調えてスパゲティを混ぜ合わせる。

◆にんじんのオレンジジュース煮

材料◆にんじん3cm角1個／オレンジジュース適宜／砂糖、塩各少々／スープの素$\frac{1}{4}$個／バター小さじ$\frac{1}{2}$

つくり方◆❶にんじんは型で抜いて、オレンジジュースと砂糖、塩、スープの素で煮る。❷軟らかくなったら、バターを入れてつやを出す。

◆いちご（$1\frac{1}{2}$個）

memo　コーンクリームのスパゲティは冷めても固まりにくいのでおすすめです。ホワイトソースだと冷めると固まっておべんとう箱ごと持ち上がることも。にんじんのオレンジジュース煮は、にんじん特有のくさみが消えるので苦手な子向き。レモンジュースでもつくれます。

STEP 5 手のひら握り（フォーク）　1歳半～

グッとさしてもキャベツがガード

キャベツシュウマイべんとう

memo キャベツシュウマイは、つきさしてもくずれず、彩りもきれいでしかも野菜も食べられるというすぐれもの。ひき肉ダネにもち米をまぶすと真珠蒸しにもなります。クルクルおにぎりは寿司飯ですっぱく、りんごのはちみつ煮は甘め、シュウマイは肉と野菜のうまみがたっぷりと、味のバランスにも工夫があるおべんとうです。

※材料はすべて［子ども1人分］。

◆キャベツシュウマイ

材料◆キャベツ1枚／しいたけ1/2枚／たけのこ10g／玉ねぎみじん切り大さじ1／しょうが少々／豚ひき肉50g／しょうゆ、酒各小さじ1/2／ごま油少々／片栗粉小さじ1/5

つくり方◆❶キャベツはサッとゆでて硬い芯を除き、10×10㎝くらいに切っておく。❷しいたけとたけのこは粗みじん切り、玉ねぎはみじん切りに、しょうがはすりおろして汁を絞っておく。❸豚ひき肉に②としょうゆ、酒、ごま油、片栗粉を混ぜ合わせてひとくち大に丸めてキャベツで包み、蒸気の立った蒸し器で10分間蒸す。

◆混ぜ寿司のクルクルおにぎり

材料◆卵1個、サラダ油少々／ご飯子ども茶わん1杯／合わせ酢：酢小さじ1、砂糖小さじ1/2、塩小さじ1/5／しいたけ1/2枚／にんじん1㎝角1個／だし汁適宜／調味料：砂糖、しょうゆ、みりん各小さじ1/2／きゅうり粗みじん切り大さじ1/3／ごま小さじ1/3

つくり方◆❶卵を溶いて薄焼き卵をつくり冷ましておく。❷ご飯に合わせ酢を混ぜて寿司飯をつくる。❸しいたけ、にんじんは粗みじん切りにし、だし汁と調味料で軟らかく煮て汁気を切っておく。❹③ときゅうりの粗みじん切りとごまを寿司飯に混ぜ込む。❺巻きすに薄焼き卵をのせ、その上に④の寿司飯をのせて細巻きをつくり、ひとくち大に切る。

◆りんごのはちみつ煮

材料◆りんご1/6個／はちみつ大さじ1／レーズン小さじ1

つくり方◆❶りんごは皮つきのまま6つ割にして、厚めのいちょう切りにし、レーズンとともにはちみつで煮る。

STEP 6 手のひら握り（フォーク） 1歳半〜

徐々に硬いものにもチャレンジ

ごぼう入りハンバーグべんとう

※材料はすべて［子ども1人分］。

◆ごぼう入りハンバーグ

材料◆ごぼうささがき大さじ1/2、酢少々／玉ねぎみじん切り大さじ山2／牛豚合びき肉50g／牛乳小さじ1／溶き卵、パン粉各大さじ1／塩、サラダ油各少々

つくり方◆❶ごぼうは小さめのささがきに切って、酢水につけておく。❷玉ねぎはみじん切りにして、ラップで包み電子レンジで10秒加熱する。❸合びき肉に①、②と牛乳、溶き卵、パン粉を混ぜたものと塩を加え、よく混ぜて、ひとくち大に丸める。❹フライパンにサラダ油を熱してハンバーグを焼く。

◆クルクルうず巻きパン2種（カッテージチーズ味、卵マヨ味）

材料◆サンドイッチ用のパン2枚／カッテージチーズ15g、にんじん2cm角1個、マヨネーズ大さじ1/2、塩少々／卵1/2個、マヨネーズ大さじ1/2

つくり方◆❶カッテーチーズ味をつくる。カッテージチーズに、にんじんをゆでてみじん切りにしたものとマヨネーズをねり込み、塩で味を調えてパンに塗って巻き、ひとくち大に切る。❷卵マヨ味をつくる。硬めにゆでた卵をみじん切りにしてマヨネーズで和え、パンに塗って巻き、ひとくち大に切る。

◆スナップエンドウ（4本）

memo 大きなごぼうがまだ硬くてかめなくても、ハンバーグの中にきざんで混ぜることで歯ごたえが楽しめます。れんこん、にんじん、たけのこのみじん切りでも代用OK。クルクルうず巻きパンの中身は、パンと同じ軟らかさなので食べやすく、カッテージチーズはさっぱりしているので幼児にもおすすめです。

STEP 7 指握り（スプーン） 2歳〜

すくってもこぼれない王道料理

ドリアべんとう

※材料はすべて［子ども1人分］。

◆えびのドリア

材料◆むきえび中5〜6個／サラダ油、塩各少々／バター（ホワイトソース用）大さじ1／小麦粉小さじ2／牛乳70㎖／玉ねぎみじん切り大さじ2／ベーコン1/3枚／バター（ご飯用）大さじ1／ご飯子ども用茶わん軽く1杯／塩少々／パセリ少々

つくり方◆❶むきえびは塩水でよく洗い、フライパンにサラダ油を熱して塩を振り、サッと炒める。❷別の鍋でバターを溶かして小麦粉を炒め、初めに黄色っぽくねっとりしていたのが白っぽい泡状になったら、牛乳を入れてホワイトソースをつくり、①のえびを混ぜる。❸みじん切りにした玉ねぎとベーコンをバターで炒め、ご飯を加えてさらに炒めて塩で調味する。❹アルミやステンレスのおべんとう箱に③の炒めご飯を詰めて②のホワイトソースをかけ、オーブントースターで5〜10分くらい焦げ目がつくまで焼き、パセリをちらす。

◆キウイ（1個）

memo ドリアはすくうとご飯がついてくるので、ポロポロしません。グラタンもすくいやすい料理ですが、マカロニをゆでるときに少量のサラダ油を入れると固まりにくくなります。むきえびは、炒めるときにバターとレモン汁と白ワインを加えて蒸して、ホワイトソースに汁ごと加えるとさらにおいしくなります。

STEP 8 指握り（フォーク） 2歳～

ふにょふにょめんが具を運ぶ

焼きそばべんとう

memo 焼きそばは、独特のふにょふにょしためんが具を運んでくれるので食べやすいメニューですが、彩りには気配りを。かみごたえがあってジューシーな焼き豚を加えるのがポイント。時間をあけずに家や近所で食べるときは、つけ合わせのヨーグルトでさっぱり。時間があくときは、彩りのよい果物やデザートを添えて。

※材料はすべて［子ども1人分］。

◆焼き豚入り焼きそば

材料◆焼き豚1枚／焼きそば$1/3$玉／キャベツ$1/4$枚／ピーマン$1/4$個／サラダ油大さじ1／水大さじ1／ソース大さじ1／塩少々／青のり適宜

つくり方◆❶焼き豚は1枚を8つくらいに切り、キャベツはひとくち大のざく切りに、ピーマンは細切りにする。❷フライパンにサラダ油を熱して、キャベツとピーマンを炒め、しんなりしたら焼き豚を加える。❸焼きそばを加え水を入れてほぐしながら炒め、ソースと塩で味をつける。色みで青のりをちらす。

◆フルーツのヨーグルト和え

材料◆ヨーグルト$1/4$カップ／みかん（缶詰）3房／いちご1個／パイナップル（缶詰）$1/3$枚／ブルーベリー適宜／その他果物をお好みで

つくり方◆❶フルーツ類を食べやすい大きさに切り、ヨーグルトで和える。

STEP 9 指握り（スプーン） 2歳～

全部食べられたら上達の証

オムライスべんとう

※材料はすべて［子ども1人分］。

◆オムライス

材料◆ご飯子ども用茶わん1杯／玉ねぎ1/8個／鶏もも肉30g／バター大さじ1/3／トマトケチャップ大さじ1、塩少々／卵1個、サラダ油適宜

つくり方◆❶玉ねぎは5㎜角に、鶏もも肉は1㎝角に切る。❷バターで玉ねぎを炒めて火が通ったら、鶏肉を加えてさらに炒める。❸②にご飯を入れてトマトケチャップと塩で味を調え、冷ましてからおべんとう箱に詰める。❹卵を溶いて薄焼き卵をつくり、おべんとう箱のチキンピラフに包むようにかぶせ、まわりをヘリにそって押し込んで整える。

◆ゆでブロッコリー（2房）

memo 幼児にとって、薄焼き卵とご飯を一緒にすくって食べるのは高度な技術です。卵がパサパサしてご飯と別々になりやすい場合には、ふんわりとした大きめの炒り卵をつくってご飯の上にのせて、混ぜながら食べるのがおすすめ。ご飯の玉ねぎを多めにして、押さえつけながら炒めるとしっとりしてすくいやすくなります。

いよいよおはしチャレンジ。おはし2本がバラバラになったり、ポロポロこぼしたり…。
「子どもたちがんばれべんとう」でがっちりサポートしましょう。

STEP 10 握りばし 3歳〜

弾力のあるかみごたえを楽しむ

パイナップルの肉巻きべんとう

memo パイナップルの豚肉巻きは、おはしでさしてもくずれません。豚肉は、パイナップルと一緒に焼くと軟らかくなり、かみ切りやすくなります。パイナップル入りの酢豚の肉も同様です。おかかご飯のほうれん草巻きは、かめばかむほどかつお節のうまみが増して味わい十分。

※材料はすべて［子ども1人分］。

◆パイナップルの豚肉巻き

材料◆豚薄切り肉50g／パイナップル（缶詰）1枚／バター大さじ$\frac{1}{2}$／塩少々

つくり方◆❶パイナップルを3等分にして、豚肉の薄切りを巻く。❷①をバターで焼いて、塩で味をつける。

◆ミニトマト（3個）

◆おかかご飯のほうれん草巻きおにぎり

材料◆ご飯子ども茶わん軽く1杯／かつお節大さじ2／しょうゆ小さじ1／ほうれん草葉っぱ3枚

つくり方◆❶ご飯にかつお節としょうゆを混ぜる。❷ほうれん草をゆでてよく絞って広げ、ひとくち大に握ったご飯を巻く。

STEP 11 握りばし 3歳～

カラフルな彩りにうまみも十分

ウズラ卵の肉巻きべんとう

memo ウズラ卵の肉巻きは、さしてもくずれず彩りもきれい。かむとちゃんと肉のうまみもわかる歯ごたえです。野菜炒め入りサンドイッチは、違う硬さの具を一緒に食べられるようになった成長の証。炒めるので野菜がたっぷりとれ、カレーの香りが食欲をそそります。さっぱり味のピクルスはつくりおきができる簡単おかずです。

※材料はすべて[子ども1人分]。

◆ウズラ卵の肉巻き

材料◆ウズラの卵3個／牛薄切り肉50g／サラダ油小さじ1／しょうゆ大さじ1／みりん大さじ1

つくり方◆❶ウズラの卵は硬めにゆでて、殻をむく。❷卵に牛肉を巻きつけ、フライパンでサラダ油を熱して、巻きおさめから焼きつけて転がしながら焼き、しょうゆとみりんで味をつける。

◆野菜のカレーソテーサンドイッチ

材料◆ハム1枚／キャベツ1枚／ピーマン$\frac{1}{2}$個／玉ねぎ小$\frac{1}{10}$個／サラダ油少々／カレー粉ひとつまみ／塩少々／サンドイッチ用パン1枚／マーガリン少々

つくり方◆❶ハム、キャベツ、ピーマン、玉ねぎは千切りにする。❷フライパンにサラダ油を熱して①を炒め、しんなりしてきたらカレー粉と塩で味をつける。❸サンドイッチ用のパンにマーガリンを塗って、②の野菜ソテーをはさみ、持ちやすいように切る。

◆カリフラワーとパプリカのピクルス

材料◆カリフラワー小2房／パプリカ（赤と黄）各$\frac{1}{6}$個／ピクルス液：酢、白ワイン各大さじ1、砂糖小さじ1、塩少々

つくり方◆❶カリフラワーとパプリカをひとくち大に切る。❷ピクルス液を煮たてて①を漬け込み、そのまま一晩置いておく。❸翌日、容器に移し、ふたをして冷蔵庫に入れておくと、1ヵ月くらい保存可能。

STEP 12 握りばし　3歳〜

くずれない頼もしさでおはし練習に最適

ひとくち筑前煮べんとう

※材料はすべて［子ども1人分］。

◆いなり寿司

材料◆ご飯子ども茶わん軽く1杯／合わせ酢：酢小さじ1/2、砂糖少々、塩少々／油揚げ小1枚／砂糖小さじ1／しょうゆ小さじ2/3／だし汁適宜

つくり方◆❶炊きたてのご飯に、合わせ酢を混ぜて冷ましておく。❷油揚げは落しぶたをして15分くらい水から煮て油抜きをして、しっかり絞る。❸鍋に油揚げと砂糖、しょうゆ、だし汁を入れて汁気がなくなるまで煮含める。❹寿司飯をひとくちサイズに丸めて、汁気をよくしぼって4等分に切った油揚げに詰める。

memo 筑前煮は、ごぼうさえあれば残りものの根野菜でつくれる冬の定番メニュー。れんこん、ちくわ、手綱こんにゃくはつきさしてもくずれにくく、穴におはしを通して食べられます。いなり寿司の油揚げは、湯で十分に油抜きをすると、油でベトベトせずかみ切りやすくなり、味もよくしみこむのでいっそうおいしくなります。

◆ひとくち筑前煮

材料◆干ししいたけ1/3枚／絹さや1枚／こんにゃく1/8枚／さといも1/2個／ちくわ中1/3本／れんこん2.5㎝角1個／にんじん2.5㎝角1個／鶏もも肉20g／ゆでたけのこ小1/10本／ごぼう1㎝／サラダ油少々／砂糖大さじ1/2／だし汁適量／塩少々／しょうゆ小さじ1／酒小さじ1

つくり方◆❶干ししいたけは、水で戻してひとくち大に切り、絹さやは塩少々入れたお湯でサッとゆでる。❷こんにゃくは、6㎜の薄切りにし中央縦に切れ目を入れ、片方を返しながら真中をくぐらせて手綱にし、下ゆでする。❸さといも、ちくわ、れんこん、にんじん、鶏もも肉、たけのこ、ごぼうは、ひとくち大の乱切りにする。❹鍋にサラダ油を熱して鶏肉を炒め、絹さや以外の野菜をすべて加えてサッと炒める。❺砂糖とだし汁をヒタヒタになるまで加えて煮て、塩、しょうゆ、酒を加えて汁気がなくなるまで煮る。色みに絹さやを添える。

◆うさぎりんご（1/5個）

つくり方◆りんごをうさぎのかたちに切って、レモン汁をかけるか、塩水につけて色止めをする。

STEP 13 おはしをペングリップ持ち　4歳～

かみごたえも、うまみも十分！

きんぴらごぼうの肉巻きべんとう

※材料はすべて［子ども1人分］。

◆きんぴらごぼうの肉巻き

材料◆豚薄切り肉1枚／ごぼう1×5cm／にんじん1×5cm／ごま油小さじ1／しょうゆ、砂糖各少々／サラダ油少々／しょうゆ、酒各少々

つくり方◆❶ごぼうとにんじんは千切りにして、ごま油で炒め、しょうゆと砂糖を加えて汁気がなくなるまで炒める。❷豚肉を広げて、①のきんぴらごぼうを巻く。❸フライパンにサラダ油を塗って、肉巻きの巻きおさめのほうを下にして焼き、巻きおさめがしっかりしたら、転がしながら焼いてしょうゆと酒を振って味をからめる。

◆いんげんとちくわのピーナッツマヨ和え

材料◆いんげん3本／ちくわ1/3本／ピーナッツバター小さじ1/2／マヨネーズ小さじ1／しょうゆ少々

つくり方◆❶いんげんとちくわはサッとゆでて、いんげんは3cmの長さの斜め切りに、ちくわは輪切りにする。❷ピーナッツバターにマヨネーズを加え、しょうゆで味を調えていんげんとちくわを和える。

◆のりご飯

材料◆ご飯子ども茶わん1杯／のり1/6枚／梅干少々

つくり方◆❶おべんとう箱にご飯を詰めて、パンチで抜いたのりを並べて、細かくちぎった梅干をちらす。

memo ポリポリしたごぼうとしっとりした肉の歯ごたえの違いが絶妙。かめばかむほどうまみが出てそしゃく力を育みます。きんぴらは、セロリやさつまいもなどなんでも応用可能。ペングリップのころはご飯類もおはしですくって食べられるようになります。ピーナッツバターは、子どもが好みやすい味なので和えものに応用できます。

STEP 14 おはしをペングリップ持ち　4歳〜

おはしでつまむ練習にぴったり

焼きうどんべんとう

※材料は［子ども1人分］。

◆焼きうどん

材料◆うどん1/3玉／キャベツ小1/2枚／玉ねぎ小1/10個／しいたけ1/2枚／ピーマン1/4個／豚バラ肉10g、下味用：塩、しょうゆ各少々／サラダ油小さじ2／塩少々／しょうゆ大さじ1／酒、こしょう各少々／のり適宜

つくり方◆❶キャベツはひとくち大に切り、玉ねぎとしいたけは千切り、ピーマンは太めの千切りにする。❷豚バラ肉はひとくち大に切り、塩としょうゆで下味をつける。❸フライパンにサラダ油を熱して、豚肉を炒め、色が変わったら①の野菜を加えてしんなりするまで炒めて、短く切ったうどんを加える。❹塩、しょうゆ、酒、こしょうを加えて味を調えて、最後にのりをちらす。

◆薄焼き卵の野菜巻き

材料◆卵1個、サラダ油少々／にんじん1/10本／もやし20g／塩、酢各少々／絹さや4枚／ポン酢少々

つくり方◆❶卵を溶いて、フライパンにサラダ油を塗って薄焼き卵をつくる。❷にんじんはもやしと同じくらいの千切りにし塩を加えて水からゆでて、絹さやもサッとゆでて千切りに、もやしは酢を加えたお湯でシャッキリとゆでる。❸薄焼き卵を広げて、にんじん、もやし、絹さやを細巻きにしてひとくち大に切り、ポン酢をたらす。

memo うどんは他のめん類に比べて太さがあるので、少し短くすれば、おはしでつまみやすくなります。野菜巻きは、もやしのシャキシャキ感とふんわり卵の食感が楽しめます。子どもの好きな卵焼きにピーマンなど苦手な野菜を巻いてあげれば好き嫌いを克服できるかも。巻くときは、口に入る程度の太さに。

STEP 15 おはしをペングリップ持ち　4歳～

全部食べられたらおはし使いはOK！

カジキマグロのねぎマヨべんとう

memo ひじきと豆のサラダをおはしで食べられたら上達の証。芽ひじきよりも長いひじきのほうが太さがありパラパラしにくくて、食べやすくなります。生のかぼちゃやパプリカの薄い千切りを加えると歯ごたえと甘みも増して彩りもきれいです。炊きこみご飯の油揚げは、油抜きをしたほうが、ご飯がすべりにくくなります。

※材料は［子ども1人分］。

◆カジキマグロのねぎマヨ焼き

材料◆カジキマグロ$\frac{1}{3}$～$\frac{1}{4}$切れ、塩少々／長ねぎみじん切り小さじ$\frac{1}{2}$／マヨネーズ小さじ1／バター大さじ$\frac{1}{2}$

つくり方◆❶ねぎはみじん切りにして、マヨネーズに混ぜる。❷カジキマグロに軽く塩を振って、バターでソテーし8分くらい火が通ったら、①のねぎマヨネーズをのせて、ふたをして蒸らし焼きにする。

※材料は［子ども1人分］。

◆ひじきと豆のサラダ

材料◆ひじき（乾燥）15g／きゅうり$\frac{1}{7}$本、塩少々／ミックスビーンズ（缶詰）大さじ山1／フレンチドレッシング少々

つくり方◆❶ひじきは水で戻し、食べやすい大きさに切る。❷きゅうりは薄切りにして、塩もみをする。❸ひじきときゅうりとミックスビーンズをドレッシングで和える。

◆きのこと油揚げの炊きこみご飯

材料（つくりやすい分量）◆米2合／しめじ1パック／しいたけ4枚／油揚げ$\frac{1}{2}$枚／調味料：塩小さじ1、酒大さじ1、しょうゆ大さじ1

つくり方◆❶しめじは小房に分け、しいたけは薄切りにする。❷油揚げは、お湯で油抜きをしてよく絞ってから千切りにする。❸炊飯器に洗った米を入れ、調味料と水を足して2合で合わせ、きのこと油揚げをのせて炊く。子ども1人分は、$\frac{1}{6}$量とする。

◆いちご（3個）

まとめ

おべんとうを介して親子のやりとりを楽しもう

1～3歳はとくに食にトコトンつき合おう

「子どもを先に食べさせてから、大人は後でゆっくり食事をしたい」、という声をよく聞きます。子どもと一緒に食べるのはわずらわしいのでしょう。その気持ちもよくわかります。しかし、一緒に食卓についても子どもに食べさせるだけで、大人が食べていない食卓は「孤食」と同じです。1歳のときはまだ難しいにしても、せめて2歳ごろからは子どもと一緒に食事をして欲しいと思います。

　子どもにとって、大好きなのはやはりママとパパです。好きな人がおいしそうに食べていたら、「じゃあ、食べてみようかな」と思い、好きな人がまずそうに食べていたら、「おいしくなさそうだな」と思うでしょう。それは直感的なもの。口先だけで「おいしいよ」と言っても、子どもには見抜かれてしまいます。

　他の人には何でも絶対に貸したくない2歳児が、自分の好きなものをママやパパには渡したりしますね。1～2歳のころに、まずは親との関係のなかで食べ物を分け合い、「おいしいね」「ちょっと辛かったね」などと共感し合うことが、人とのコミュニケーションづくりの基盤になります。食を通じた親子のやり取りを経てから、人とのコミュニケーションが広がるのです。

　自分のものは絶対に友達にあげたくないと、かたくなだった1～2歳児が、3歳ごろになると食べ物を友達にも分け与え、おいしいねと共感し合える関係になっていきます。親から離れて集団での食事を楽しめるまでに成長していきます。

おべんとうを開けたときが子どもの本音を聞くチャンス

　3歳、4歳、5歳と成長するにつれて、友達と一緒に遊んだり食べたりすることを喜ぶようになります。子どもの世界も広がり、親から離れておべんとうを食べるようになると、「ちゃんと食べられるかな?」とドキドキしますね。帰ってから、「どうだった?　楽しかった?」と聞いても「忘れた～」となかなか話してくれないことも多いものです。そこでおべんとうを開けたときがチャンス。おべんとう箱をきっかけに園での子どもの様子を聞き出しましょう。

　もし、おべんとうの中身が残っていたとしたら、あからさまに「アーッ」と言って、がっかりしないで。「ご飯多かった？」とか「にんじんが硬かった？」などと聞いてみます。すると「もうちょっと小さく切ってよ！」とか、「ご飯が食べにくかったよ」などと、子どもなりに表現してくるでしょう。「〇〇ちゃんよりも早く食べて、おもちゃで遊びたかったから」なんてこともわかるかもしれません。

　こうしたやりとりを通じて、子どもの好みや適量も次第に見えてきます。いつもは小食のはずなのに、どうして残してないのだろう、と疑問に思ったら友達にあげてた、なんてことが発覚するかもしれません。もちろん全部食べてきたら「よく食べたね～」とギューッと抱きしめたり、ほめることを忘れずに。

　子どもは、自分の言ったことを大人がわかってくれると思えば、自分の気持ちをどんどん表現してくれます。思いがきちんと伝わると実感することで、人への信頼感が生まれて、友達との関係も積極的になっていきます。おべんとうを介して、子どもの素直な気持ちを引き出す会話をたくさんしていけるといいですね。

（太田）

わたしのおべんとアイデア

食べやすさ編

1歳になりたてのころ、スプーンでひとすくいのおにぎり、大人の親指ほどのサンドイッチ…と、保育ママさんから一個分の大きさの目安を聞きました。上手に食べてくれて感激！　（Y．Mさん）

みかんをむくのに時間がかかって、全部食べきれなかったそう。むいたものを別容器に入れるようにしました。　（R．Mさん）

オムライスのときにケチャップをラップに少量出して、口を輪ゴムでしばってミニのきんちゃく型に。つま楊枝で穴をあけると、卵の上にお絵かきしながら楽しく食べられます。　（K．Mさん）

入園してすぐは、おかずは好きなものだけにして、完食するうれしさを最優先に。　（Y．Aさん）

幼稚園の入園前に、おべんとう箱やはし箱の開け方などの予行練習をかねて、家でおべんとうを。上手に食べられてホッとしました。（K．Kさん）

息子（4歳）のおべんとうにピラフを入れたら「食べにくかった～！」と残してきました。ピラフをラップおにぎりにすると完食！　（O．Tさん）

Cookingヒント 3

おべんとうの量と栄養バランスの考え方

Point 1 「おべんとう箱の半分がご飯」が基本

幼児の場合、おべんとう箱の半分に主食（でんぷん質性食品）を詰め、残りの半分をさらに1/2に区切り、それぞれに主菜（たんぱく質性食品類）と副菜（ビタミン、ミネラル・無機質食品）を詰めれば、おおよそ栄養的にバランスのとれたおべんとうになります。

Point 2 彩りを意識する

赤・青（野菜類）、黄・茶（魚や肉など）、白（主食類）がひと通りそろっているかチェックします。

Point 3 量にはあまりこだわらない

一般的な子ども用べんとう箱（S～SSサイズ）は、350㎖前後の容量。下の図のように実際に詰めてみると少なく感じることも。でも、幼児の場合はこれくらい食べていれば十分です。もちろん残しても、1日トータルの食事量や栄養バランスがとれていれば大丈夫。子どもの食べ具合を見ながら、その子なりの適量をつかみましょう。

一番小さなSSサイズのおべんとう箱に詰めてみると…

主食（全体の1/2）
ご飯やパンなどのでんぷん質性食品
例→ご飯子ども茶わん1杯弱くらい

主菜（半分のうちの1/3）
肉や魚などのたんぱく質性食品
例→ソーセージ1本、卵焼き小1個

副菜（半分のうちの2/3）
野菜や果物などのビタミン・ミネラル類
例→ブロッコリー1房、ミニトマト1個
※いも類はでんぷん質性食品なので、
おかずにいも類が入る場合は
その分ご飯を減らす。

主食　主菜　副菜
3 ： 2 ： 1

（太田）

PART

3

食への興味を育むおべんとう

おべんとうって、おもしろい

親子で楽しむ 旬の食材クッキング

食育って、なんだろう？

「食育」という言葉を聞くと、まずは「子どもと一緒に料理をつくること」とイメージしませんか？　でも、そもそも「食育」とは、「子どもの食べる意欲を育てること」。食への興味や関心の持ち方も年齢によって違うので、1〜2歳の子に、「お手伝いをさせなきゃ」とあせらなくても大丈夫です。この時期に一番大切なことは、「食事をおいしく食べること」です。

たとえば、食事中にずっと「残しちゃダメ」と言われ続けたり、一人ぼっちの食卓では、どんなに大好きな料理でもおいしいとは思えませんね。生活リズムを整え、お腹がすいてから食べるご飯を「おいしい！」と実感するのも大切なことです。1〜2歳のころはとくに、子どもがワクワクするおべんとう箱をフル活用して、「食事っておいしいな」と思える演出をすることは、まさに「食育」といえるでしょう。

そして、3〜5歳になると、今までつくられたものを食べるだけだった子が、「今日のおかずは何？」とおべんとう箱をのぞきこんだり、人の役にたちたくて「私が手伝ってあげる」と張り切ったり、「卵ってどうして黄色なの？」と質問攻めにしたりと、料理ができあがる背景にも関心を示し始めます。この時期に、一緒におべんとうのおかずをつくったり、おべんとう箱に詰めたり、買い物に行って食材の話をしたりして、子どもの食への興味をどんどん広げていきましょう。

食への興味は生きる意欲につながっています

「食への興味がなくても、食べてくれればそれでいいじゃない？」と問われれば、その通り。しかし、わずか数年で、心とからだを急激なまでに成長させていく幼児にとって、食への興味や関心は、生きることへの意欲に直結する無視できないことなのです。

「大キライなにんじんを食べる！」とがんばる気持ちと、新しい友達の中に飛び込んでいく勇気。「包丁できゅうりを切ってみたい！」と思う気持ちと、「あの高い滑り台を滑ってみたい！」と思う気持ちは、子どもにとっては同じこと。食への興味は、人とのコミュニケーションや、新しいものにドンと飛び込んでいける勇気や、未知なる世界への好奇心など、子どもの〝生きることへの意欲〟をかたちづくっていきます。

先日、栄養相談で、ある小学生の女の子が、給食にどうしても食べられない料理が出て、友達にからかわれてショックを受けたと話してくれました。「お母さん、あの黒いものは何？」。お母さん自身が、ひじきの煮物をつくった経験がありませんでした。それから食卓に出すようにすると、子どもは食べられるようになったそうです。

年を重ねればそれだけ、新しいものへのハードルが高くなります。新しいことにポーンと飛び込んでいけるのは、幼児期の発達のすばらしいところです。初めて出会うものへの先入観や偏見がなく、ありのままを吸収していく幼児期だからこそ、親子でいろいろな食体験を積み重ねることは、子どもの食への興味だけでなく、生きることすべての興味の幅を広げるでしょう。

また、食べることは生きること、他の生き物のいのちを食べて、自分のいのちをつないでいくことです。自分が今、食べているものが、魔法のように一瞬で完成するものではなく、その食材自体にも自分と同じようないのちがあって、つくってくれる人たちがいて、食べることができる。このような食べ物の成り立ちを体感することは、食を大切にする心を育みながら自分のからだを大切にする下地にもなるでしょう。（太田）

Let's try!

子どもと一緒に おべんと食体験

親子で無理せず、できるところから一緒に試していきましょう。

STEP1
食材そのもののかたちを楽しむ

ミニ栽培をして育てたり、一緒に買物に行って調理前の食材にふれて、子どもと話をしてみましょう。

STEP2
旬の味覚を味わう

１年中、いろんな食材は手に入りますが、やっぱり旬に食べるのが一番おいしいでしょう。

STEP3
おべんとうづくりの簡単なお手伝いを

食材を洗ったり、ちぎったり、こねたり、味見をしたり…。ちょっとずつ楽しみながらチャレンジ。

STEP4
自分でおべんとう箱に詰める

顔のかたちに並べて詰めたりと、子どもの自由な発想が飛び出します。親子で一緒にワイワイと遊び感覚で。

皮をむいたり、詰めたりしましょ

たけのこの肉詰め煮

材料（大人2人+子ども1人分）たけのこ（200gぐらいのもの）2本／米ぬか、赤とうがらし適宜／ひき肉ダネ：もち米大さじ1、鶏ひき肉50g、ねぎみじん切り大さじ1、しょうが少々、溶き卵1/3個分、片栗粉、しょうゆ、酒各小さじ1／だし汁1カップ、砂糖小さじ2、塩少々、しょうゆ、みりん各小さじ2

つくり方

①たけのこは、皮つきのまま先の方を斜めに切って縦に包丁を入れ、たっぷりの水に米ぬかと赤とうがらしを加えて、約40分間ゆでてあく抜きをする。火を止めてそのまま置き、冷めたらグルリと皮をむく。
②もち米は2時間くらい水につけておいて、水気を切る。
③鶏ひき肉にもち米とみじん切りにしたねぎとしょうがが、溶き卵、片栗粉、しょうゆ、酒を加え、よく混ぜてひき肉ダネをつくる。
④たけのこの底から節をくり抜いて空洞にして軽く片栗粉を振り、③を詰める。
⑤だし汁に砂糖、塩、しょうゆ、みりんを加えて④を入れ、弱火で20分ほど煮る。火を止めてそのまま味を含ませる。

おべんとう献立として

・おにぎり　・絹さやとハムの炒めもの

Memo たけのこは、ゆでる前に包丁で縦に切れ目を入れるとズルッとまとまってむけて、たけの皮がきれいなうずになっています。「たけのこは、こんなにいっぱい皮がついてるんだよ」と子どもに見せると喜びます。乾燥させた皮は香りがよく、ご飯を入れておにぎりみたいに皮ごとギュッと握ると、皮の香りがご飯に移っておいしい。

春のおかず

おべんとうは、食べてるだけじゃもったいない。
子どもと一緒に「旬」を楽しみながら
おべんとうづくりができる
春夏秋冬のメニューを紹介します。

思いっきりバリバリむいてみよう

レタスのシャキシャキうどん

材料 (大人2人+子ども1人分)レタス5枚／うどん3玉／肉みそ:豚ひき肉100g、ごま油小さじ1、ピーマン1個、にんじん1/2本、ねぎ10cm、しょうが少々、みそ大さじ2、砂糖大さじ2、しょうゆ大さじ1／水1/2カップ／片栗粉少々／小ねぎ少々

つくり方

①レタスは千切りにして、水にはなしてシャキッとさせる。
②うどんはお湯でゆでておく。
③肉みそをつくる。ごま油で豚ひき肉を炒め、ポロポロになったらピーマンのみじん切りとにんじんのすりおろしを加えて炒める。しっとりとしたら、みじん切りにしたねぎとしょうが、みそ、砂糖、しょうゆを加えて混ぜる(肉みそは、冷蔵庫で1週間くらいは保存が可能。3日に1回くらい火を通しておく)。
④③の肉みそに水を加えて水溶き片栗粉でとろみをつけ、うどんにレタスをのせて、アツアツの肉みそをかける。お好みで小ねぎのみじん切りをちらす。

おべんとう献立として

・さつま揚げのしょうが焼き　・いちご

Memo レタスは千切りにする前に、子どもの好きなようにバリバリむいてもらうといいでしょう。レタスは、2〜3歳のころは、繊維が気になってかみにくいでしょうが、あたたかい肉みそをかけるとしんなりして食べやすくなります。火を通したレタスは特に春の香りがします。

冷蔵庫に入れると目にしみない!?

新玉ねぎとチーズのキッシュ

材料 (直径15cmの耐熱皿の分量) 玉ねぎ2/3個／ほうれん草3株／プロセスチーズ40g／バター大さじ1／卵液:卵2個、生クリーム3/4カップ、塩小さじ1/3

つくり方

①玉ねぎは薄切りに、ほうれん草はゆでて3cmの長さに切る。プロセスチーズは、7mm角に切る。
②玉ねぎはバターでしんなりと炒める。
③耐熱容器に②の玉ねぎソテーとほうれん草とプロセスチーズをちらす。
④卵を溶かして生クリームを加えて卵液をつくり、塩で調味して③に流し込む。180度のオーブンで20分焼く。

おべんとう献立として

・ロールパン　・ソーセージ　・キャベツとピーマンのソテー

Memo 玉ねぎが目にしみるのを和らげる方法のひとつとして、玉ねぎを半分くらいに切ってしばらく冷蔵庫に入れておくといいでしょう。玉ねぎの皮は、たっぷりのお湯で30分ほど煮ると色が出るので、白いハンカチなどを染めて遊べます(新玉ねぎではできません)。

そら豆のさやはフカフカベッド

春の豆まめサラダ

材料 （大人2人+子ども1人分）いんげん7本／スナップエンドウ小10本／そら豆12個／絹さや10枚／菜の花1/2束／玉ねぎ中1/4個／ドレッシング ： しょうゆ大さじ2、みりん大さじ1、酢大さじ2、ごま油大さじ2

つくり方

①いんげん、スナップエンドウ、そら豆、絹さや、菜の花は、塩をひとつまみ加えたお湯でシャッキリとゆでる。

②玉ねぎは薄くスライスして、しょうゆ、みりん、酢、ごま油を混ぜ合わせたドレッシングに和える。玉ねぎがしんなりしたところが食べごろで、①を和える。玉ねぎとドレッシングの量は子どもの好みで加減を。

おべんとう献立として

・ご飯　・じゃがいもとソーセージのソテー

◎春の豆まめサラダは、水分をよく切ってから別容器に

Memo フカフカのベッドのようなそら豆のさやは、子どもと一緒に触って遊べます。絵本『そらまめくんのベッド』（福音館書店）をあわせて読むと、より楽しめます。他にも豆は、いろいろなかたちがあり、『ジャックと豆の木』などの豆にまつわる絵本もたくさんあります。本物の食材を触ってから絵本を読むと興味も広がります。

さやから出すときにまめの数あてを

グリーンピースとえびのうま煮

材料 （大人2人+子ども1人分）グリーンピース（殻つき）300g／えび中8本／だし汁2カップ／砂糖大さじ1/2／塩小さじ1／しょうゆ大さじ1/2／片栗粉少々

つくり方

①グリーンピースは、さやをむいたらすぐに水につけて硬くなるのを防ぐ。えびは殻をむいて背わたを取る。

②だし汁にグリーンピースを入れ、ふたをしないでゆっくりと煮て、軟らかくなったら砂糖と塩とえびを入れて、えびが赤くなるまでさらに煮る。

③しょうゆで味を調えて、水溶き片栗粉でとろみをつける。

おべんとう献立として

・鮭おにぎり　・わかめ入り卵焼き

◎グリーンピースとえびのうま煮は、水分をよく切ってから詰める

Memo グリーンピースは、さやから出すときに「何個入ってると思う?」とあてっこしながらむくと楽しめます。冷凍食品があるので年中食べられますが、旬のものは皮が軟らかくホクホクして香りも格別。豆は、空気にふれるとすぐに硬くなるので、むいたものではなくさやのまま買い、むいてすぐに水につけるのがコツです。

包み方は自己流でOK

いちご大福

材料 （大人2人+子ども1人分）いちご8個／あんこ（市販のもの）120g／白玉粉50g／水1/2カップ／砂糖70g／片栗粉適宜

つくり方

①あんこは8つに丸めておく。いちごは洗ってへたをとり、あんこの上にのせてセットしておく。

②耐熱容器に白玉粉を入れて、水を加え、よく混ぜてからラップをして電子レンジで1分間加熱し、すぐによくかき混ぜて、再びラップして1分間加熱する。

③砂糖の半量を加えて、透き通る感じになるまでよくこねて、さらにラップをして1分間加熱する。

④③に残りの砂糖を加え、ラップをして最後は30秒加熱する。いずれも、力を入れてすばやく混ぜること。

⑤片栗粉を打ち粉にし、④のおもちを8等分にして、真ん中を少し厚めにしながら丸くのばし、いちごとあんこを包む。

おべんとう献立として

・おにぎり　・小松菜のごま和え　・鮭のみそ漬け焼き

Memo 大福の包み方は子どもの好きなかたちに。大福のもちの材料を混ぜるときは力がいるので、パパに手伝ってもらっても。中の果物は、桃、柿、りんご、バナナなどでもよく、あんこの代わりにカスタードクリームやチョコレートでもOK。うまくまとまらないときは、おもちを平たく丸めて、あんこやいちごをトッピングにしても。

春のキャベツはトロトロに

新キャベツと新じゃがのスープ煮

材料 （大人2人+子ども1人分）新キャベツ1/3個／新じゃがいも2個／ベーコン1枚／りんご1/4個／スープの素1個／白ワイン大さじ2／ソーセージ（皮なし）8本／塩小さじ1/2

つくり方

①キャベツはヘタをつけたまま3等分に、じゃがいもは皮をむいて2等分に、ベーコンは3等分に切り、りんごは4等分して皮つきのまま芯を取って薄切りにする。

②深めの厚手鍋にじゃがいもを入れ、キャベツをのせて、ベーコンを加え、りんごをちらして、スープの素を入れる。白ワインを加えて、焦げるのが心配なら、1/2カップくらいの水を入れ、ふたをして中火にかける。

③煮たったら、火をグッと小さくして煮込み、じゃがいもが軟らかくなったら、ソーセージを加えて温めるくらい煮て塩で味を調える。

おべんとう献立として

・ラップロールサンド（サンドイッチ用パンにクリームチーズを塗ってラップでクルクル巻いて両端をねじる）

◎新キャベツと新じゃがのスープ煮は水分をよく切ってから別容器に

Memo キャベツとじゃがいもは、一年中出まわっていますが、春と冬では味が全然違います。春キャベツは、かたちもまん丸でグリーンボールの愛称も。冬キャベツと違って巻きがフワフワなので、子どもでもはがしやすいでしょう。新じゃがは、水分が多くて煮くずれしやすいので、大きく切るようにします。

夏のおかず

暑さのため、自然と食欲が減退する夏。トマト、なす、きゅうりなどの夏野菜を使って、食が進み、元気も出る親子クッキングメニューを紹介します。

くり抜いて、中に詰めてみよう

かぼちゃのドリア

材料 (大人2人+子ども1人分)かぼちゃ小2個(300gくらい)/バター大さじ1/鶏もも肉40g/塩小さじ1/3/玉ねぎ1/3個/小麦粉大さじ1/牛乳1/2カップ/ご飯茶わん1杯/とけるタイプのチーズ大さじ2/パセリ少々

つくり方

①かぼちゃは、100gにつき2分間電子レンジで加熱して、冷めたら上から1/4を横に切り取り、中身をくり抜く。

②鍋にバターを熱して、鶏もも肉を炒めて塩で味をつけ、ほぼ火が通ったら、みじん切りにした玉ねぎを加えて透き通るまで炒める。

③②に小麦粉を振り入れて粉っぽさがなくなるまで炒め、牛乳を加えてとろみがつくまで煮込み、最後にご飯を加える。

④③をかぼちゃの中に詰めて、チーズをのせる。

⑤かぼちゃがくずれないようにアルミホイルで帯をして、オーブントースターで焦げ目がつくまで焼く。色みでパセリをちらす。

おべんとう献立として

・フルーツとハムときゅうりのヨーグルトサラダ

Memo 小さなかぼちゃであれば丸ごと電子レンジで加熱すると、子どもでも中身をくり抜けます。かぼちゃの中にドリアを詰めるのも子どもの楽しみに。アルミホイルを帯状にしてかぼちゃの脇を補強すると、くずれにくくなります。ふたをすれば、かぼちゃべんとうのできあがりです。

ピーラーで皮むきにチャレンジ

きゅうりの冷やし鉢

材料（大人2人+子ども1人分）きゅうり2本／えび中3本／だし汁適宜／砂糖大さじ$\frac{1}{2}$／塩小さじ$\frac{1}{4}$／みりん大さじ$\frac{1}{2}$／しょうゆ少々／片栗粉少々

つくり方

①きゅうりは、ところどころ皮をむいて長さを4つに切り、さらに縦半分にする。

②えびは、殻をむき背わたを取って包丁でたたく。

③鍋にきゅうりを入れてひたひたにだし汁を加え、砂糖、塩、みりん、しょうゆで調味して、ゆっくりと煮る。

④きゅうりが透き通って軟らかくなったら、えびをちらして入れ、火が通るまで煮て。水溶き片栗粉でとろみをつける。

おべんとう献立として

・ゆかりご飯　・鶏肉のレモン照り焼き　・ぶどう

◎きゅうりの冷やし鉢は、水気をよく切ってから詰める

Memo きゅうりの皮は、ところどころむけていればいいので、大人がそばで見てあげながら子どもにピーラーで皮むきに挑戦させてみましょう。生で食べるのが一般的なきゅうりですが、煮てもおいしいとわかる一品。のどごしもよく、ツルンと食べられるので食も進みます。冷蔵庫に入れて冷やしてから食べるとさらにおいしい。

ラップで絞るのは子どもの得意技

ピーマンのチーズボール

材料（大人2人+子ども1人分）クリームチーズ100g／ピーマン（緑と赤）各1個／マリネ液：酢小さじ2、サラダ油大さじ3、塩少々

つくり方

①ピーマンは、しんなりするまでゆでてからマリネ液に漬ける。最低1日は漬けたほうがおいしい。冷蔵庫で1週間くらいは保存可能。

②クリームチーズは、室温で戻しておく。

③ラップを広げ、マリネ液をよく切ったピーマンをおき、その上にクリームチーズをのせて、ラップを絞って茶きんにする。

おべんとう献立として

・クルクルジャムサンド　・豚肉と玉ねぎときのこのマヨネーズ炒め　・キウイ

Memo ラップにピーマンとチーズをのせて茶きんにするのは、子どもの得意技。ピーマンの苦味が嫌いな子でも、マリネにすると食べやすくなります。また、細かくきざんでもいいですね。カラフルなのでおやつ感覚でペロッと食べられるかも。ピーマンは横に切ると断面がおもしろいので、ピーマンはんこにしても遊べます。

火に気をつけて重ね焼きに挑戦

トマトとなすのチーズ焼き

材料 (大人2人+子ども1人分)トマト大1個／なす大1本／オリーブオイル大さじ2／塩少々／とけるタイプのチーズ50g

つくり方

①トマトとなすを、厚さ7㎜に切る。

②フライパンにオリーブオイルを熱し、なすを焼いて軽く塩を振り、トマトを重ねてからチーズをのせて3重にし、フライパンにふたをして蒸らし焼きする。

おべんとう献立として

・マーマレードサンド　・鶏肉のハーブ塩焼き

Memo 相性バツグンのなすとトマトとチーズを重ねて焼くだけでできる簡単おかずです。十分火に気をつければ、子どもでもなすとトマトとチーズを重ねるところに参加できるでしょう。トマトとチーズの間にハンバーグなどのひき肉類をはさむと、メインディッシュにもなります。

炒り卵づくりはまかせた！

うなたま寿司

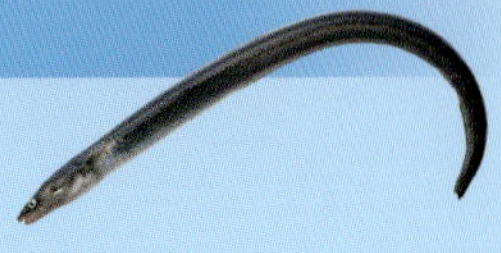

材料 (大人2人+子ども1人分)うなぎ1串、タレ大さじ1／絹さや5枚／炒り卵：卵2個、砂糖大さじ1、塩少々、酒小さじ2／米2合／合わせ酢：酢大さじ2、砂糖大さじ2、塩小さじ2/3／のり少々

つくり方

①うなぎは串から外して1㎝幅に切り、電子レンジにかけて温めてタレをまぶしておく。

②絹さやはゆでて水にさらし、千切りにする。

③耐熱皿に、卵と調味料を入れてよくかき混ぜ、かるくラップして加熱する。取り出してふんわりほぐす。

④炊きたてのご飯に、合わせ酢を入れてよく混ぜ、寿司飯をつくる。

⑤④にうなぎと炒り卵をざっくり混ぜて、絹さやとのりをちらす。

おべんとう献立として

・えだ豆の塩ゆで　・いんげんののり合わせ

Memo 彩りが華やかで、少量のうなぎでも十分おいしくて、夏に食欲減退したときにおすすめの一品。うなぎは細かく切るので、子どもも骨が気にならずに食べられます。炊きたてのご飯に合わせ酢を混ぜるときにうちわであおいでもらったり、炒り卵をつくってもらうときが子どもの出番です。

キラキラ光る宝石みたい

すいかのソーダ寒天

材料 (寒天の流し缶、10×20cmぐらい)すいか100g(じゃがいも1個分くらいの量が目安)/水$1\frac{1}{2}$カップ/寒天パウダー4g/ソーダ水$1\frac{1}{2}$カップ/砂糖大さじ4/レモン汁大さじ1

つくり方

①水に寒天パウダーを入れてよくかき混ぜて火にかけ、完全に溶けたら2～3分煮つめてから、ソーダ水、砂糖を加え、味が足りなければレモン汁を加える。

②すいかはスプーンで丸くくり抜いておく。

③寒天箱を1度ぬらしてふかないまま①の粗熱が取れた寒天液を$\frac{1}{3}$量流す。すいかをちらして、冷蔵庫で完全に固まる前まで冷やして、またすいかをちらして残りの寒天液を流し、冷蔵庫に入れて固める。つくりおきをしておくと便利。

おべんとう献立として

・三色べんとう(卵そぼろ、ゆで絹さや千切り、鶏そぼろ)

◎すいか寒天は、小さめの容器に寒天液を流し入れてつくり、ふたをして持参してもいい。ラップに包んで茶きんにしてもいい

Memo キラキラして、見ているだけでもうれしくなるデザート。寒天にすいかを入れたり、すいかをくり抜いたり、寒天液を流し入れたりするのは、子どもでもチャレンジできます。寒天は常温でも溶けないのでおべんとうにも大丈夫。実をつぶしたすいかにオレンジジュースを混ぜて冷凍すれば、すいかシャーベットに。

ビニール袋を使って小麦粉まぶし

いわしの蒲焼丼

材料 (大人2人+子ども1人分)いわし3尾/漬け汁:しょうゆ大さじ2、みりん大さじ2、しょうが少々/小麦粉適宜/サラダ油大さじ2/ねぎ$\frac{1}{2}$本/小松菜適宜/にんじん少々/ご飯茶わん3杯

つくり方

①いわしは、頭とはらわたを取って手開きして身をおさえながら骨を取り除き、しょうゆ、みりん、しょうがの絞り汁を混ぜた漬け汁に5分ほど漬けておく。

②ビニール袋にいわしと小麦粉を入れてまぶし、サラダ油を熱したフライパンでこんがりと焼く。

③鍋に①の漬け汁を煮立てて、ぶつ切りにしたねぎを加えて香りを移し、いわしにからめる。

④小松菜はゆでて食べやすい長さに切り、③の漬け汁にからめる。にんじんはゆでて型で抜く。

⑤ご飯を盛りつけてから小松菜、いわしの順にのせて、にんじんを飾る。お好みで③の漬け汁をかける。

おべんとう献立として

・キャベツときゅうりの塩もみ　・グレープフルーツ

Memo ビニール袋に小麦粉といわしを入れて、袋のくちをしっかりと持って袋ごとはたけば、子どもでもいわしに小麦粉をまぶせます。カリカリに焼くと、骨も皮も気にならず、青魚特有のくさみも消えるので食べやすくなります。くさみをとるには、手開きするときに、キッチンペーパーで水気をよくすい取るのがポイント。

秋のおかず

実りの秋、食欲の秋。
暑い夏を過ぎて食べる意欲もパワーアップ。
自然の恵みに感謝をしながら
子どもと一緒に楽しめる秋の味覚を紹介します。

新鮮なさんまを見分けよう

さんまの漬け焼き

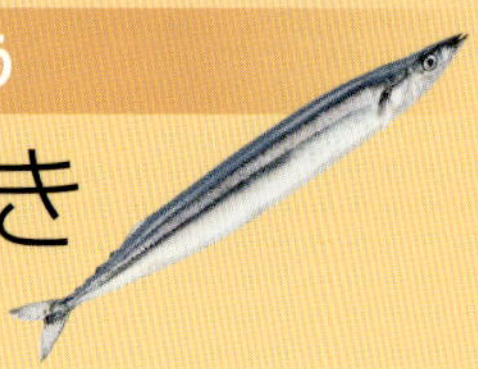

材料 （大人2人+子ども1人分）さんま2尾、塩適宜／みそ床:みそ大さじ5、酒大さじ2、砂糖大さじ5／みりん大さじ3／しょうゆ大さじ3

つくり方

①さんまは、頭と尻尾を落としてはらわたを取り出す。ざるに並べて塩を振り、水気が浮いてくるまでおいておく。

②さんまをペーパーでふいて、みそ、酒、砂糖を混ぜ合わせたみそ床に漬け込む。冷蔵庫に入れて2日くらい漬けておくとおいしい。

③焼く前にみそを完全に落とさず、みりんとしょうゆに漬け直す。漬け込む時間は15分くらいでもおいしいが、2時間以上漬け込むとよりいっそうおいしくなる。漬け込んだまま冷蔵庫で保存も可能。

④焼くときは、焦げやすいので注意する。焦げ目がついたら、アルミホイルをかぶせて焼くとよい。

おべんとう献立として

・ご飯　・きのこと小松菜のおかか和え　・ぶどう

◎さんまの漬け焼きは、身をほぐしてのりで巻いておくと食べやすくなる

Memo 旬のおいしいさんまの見分け方。お腹が張って、うろこがピカピカ光り、口の先が黄色いものが新鮮。目が血走ったり、にごったりしているのは避けましょう。子どもと一緒に店先で新鮮なさんま探しをしてみても。旬のさんまが安いときに、余分に買ってみそ床に漬けておくと便利。みそ床に漬けたままで冷凍もOKです。

お肉をこねて丸めてくっつけて…

しめじの にょきにょきハンバーグ

材料 (大人2人+子ども1人分)しめじ1房/ひき肉ダネ:玉ねぎ$\frac{1}{2}$個、牛豚合びき肉200g、パン粉$\frac{1}{2}$カップ、卵小1個、塩小さじ$\frac{2}{3}$/サラダ油大さじ1/白ワイン大さじ3/ソース:トマトケチャップ大さじ3、ウスターソース大さじ2、レモン汁小さじ1

つくり方

①しめじは石づきの部分を取り、小房に分ける。
②玉ねぎはみじん切りにして炒め、冷ましておく。
③合びき肉に②の玉ねぎとパン粉、卵、塩を加えて、粘りが出るまでよくこねる。
④しめじの根っこのまわりに③のひき肉ダネをつける。
⑤フライパンにサラダ油を熱して、④のハンバーグをしめじが立っているように並べ、下がこんがり焼けたら白ワインを振り入れてふたをして蒸し焼きにする。
⑥ハンバーグが焼けたら取り出してフライパンは洗わずにそのままトマトケチャップ、ウスターソース、レモン汁を入れ煮たててソースをつくり、ハンバーグにかける。

おべんとう献立として

・ほうれん草の卵炒め　・バターライス(バターと塩を混ぜるだけ)

Memo ハンバーグをこねるところから丸めてしめじにつけるところまで、子どもたちの自由な発想でチャレンジ。しめじのまわりにハンバーグをつければいいので、いろいろなかたちができます。にょきにょきハンバーグを耐熱性の容器に入れ、トマトソースをまわりに流しこんで電子レンジで加熱してもおいしい。

さつまいも掘りに行ってみよう!

さつまいもの レモン煮

材料 (大人2人+子ども1人分)さつまいも1本/レモン$\frac{1}{2}$個/砂糖大さじ3/バター少々

つくり方

①さつまいもは、厚さ1.5㎝の輪切りにして水につけてあくを抜く。
②水気を切ったさつまいもとレモン汁とレモンのスライス、砂糖を加えゆっくりと煮て、さつまいもが軟らかくなり照りが出たら火を止める。最後にバターを落とすとさらに照りが出る。
③さつまいもを、ひたひたの水からゆっくり軟らかくなるまでゆで、砂糖、レモン汁、レモンスライスを入れて汁気がとろりとなるまで煮る。

おべんとう献立として

・ちぎりのりのおにぎり　・牛肉ときのこのケチャップ炒め

Memo 甘くてさっぱりしているので子どもに人気のメニュー。さつまいも自体は、いもはんこをつくったり、いろいろ遊べる食材。秋にいも掘りに行くことがあれば、さつまいものつるでリースや籠がつくれます。つるが軟らかいうちにクルクルとリースや籠のかたちにつくり、風通しのよいところに下げておくとできあがりです。

中身をくり抜いて器にすることも…

柿のごまだれ和え

材料 （大人2人+子ども1人分）柿1個／きゅうり1本、塩適宜／ごまだれ：ねりごま大さじ1、すりごま大さじ2、砂糖大さじ$\frac{1}{2}$、しょうゆ大さじ1、だし汁少々

つくり方

①柿は皮をむいて1.5㎝角に切る。きゅうりは薄切りにしてから塩もみをし、しんなりしてきたら水洗いする。

②ねりごまに、すりごま、砂糖、しょうゆ、だし汁を混ぜてごまだれをつくり、柿ときゅうりを和える。

おべんとう献立として

・白いプチおにぎり　・鶏のつくね団子　・青菜のおひたし

Memo 柿は、上部の$\frac{1}{4}$くらいから横に切り、中だけをくり抜くと、器にもなります。柿のごまだれ和えを、柿の器の中に入れて楽しむことも。柿は豆腐との相性もよく、白和えにしてもおいしい。柿の中身をつぶして市販のフレンチドレッシングに混ぜると、きれいなオレンジ色のドレッシングにもなります。

きのこの風味を楽しむ

秋のがんもどき

材料 （大人2人+子ども1人分）木綿豆腐1丁／しめじ$\frac{1}{2}$パック／しいたけ2枚／やまいも50g／卵白1個／砂糖少々／塩小さじ$\frac{1}{3}$／片栗粉大さじ1

つくり方

①豆腐は、耐熱皿に大まかにくずしてのせ、ふんわりとラップをかけ約3分間電子レンジで加熱した後ざるにあげ、自然に水気が切れて冷めるまでそのままおく。

②しめじは小房に分け、しいたけは薄切りにする。

③豆腐に、やまいものすりおろし、しめじ、しいたけ、卵白、砂糖、塩、片栗粉を加えてよく混ぜる。

④③をスプーンですくって180度の油に入れ、きつね色になるまで揚げる。おべんとう用につくりおきをしておくと便利。

おべんとう献立として

・きのこご飯　・わかめときゅうりの酢のもの　・りんご

Memo 豆腐に具を入れて混ぜるところで、子どもはグチャグチャとお手伝いができます。がんもどきは手がかかる料理ですが、全体的にフワフワしているので、しいたけの食感が苦手な子でも食べられます。秋のきのこ類の風味も楽しめるので、ぜひお試しを。

混ぜてつぶしてゆったりお手伝いを

りんごジャム

材料（大人2人+子ども1人分）りんご（紅玉）3個／レモン$\frac{1}{2}$個／砂糖100g

つくり方

①りんごは丸ごと皮をむく。皮を一緒に煮るとジャムが赤く染まるため、皮の残し加減はお好みで。

②りんごの芯を取りいちょう切りにして鍋に入れ、レモン汁で色止めをし砂糖をまぶして30分ほど置く。

③そのまま鍋にふたをして火にかけ、水気が出たら中火にして、りんごが透き通るまで煮る。

④ほぼ水気がなくなったら、火を止める。りんごのかたちが残らないほうがいいときには、ポテトマッシャーなどで熱いうちにつぶす。

⑤保存用のびんはきれいに洗って煮沸消毒をして、電子レンジで30秒殺菌しておく。ジャムを詰めて、冷蔵庫で1ヵ月くらい保存可能。

★びんに詰めてからふたをしたままお湯でゆでると、真空になって保存性が高まり、冷蔵庫で2ヵ月くらい保存できます。

おべんとう献立として

・りんごジャムサンド　・ポテトサラダ　・ソーセージのケチャップ炒め

Memo 甘くて子どもにとって魅力的なジャムは、味見をしながら混ぜたりつぶしたりと、いろいろな調理が楽しめます。りんごは、酸味と甘味のバランスがよく、皮の色もきれいな紅玉がジャムにはおすすめ。りんごの中をくり抜き、キャラメル1個と砂糖少々を入れて、オーブンで焼くだけで、おいしい焼きりんごもできます。

外栗、中栗のあてっこ遊びも

栗と鶏肉の煮込み

材料（大人2人+子ども1人分）／栗12個／サラダ油少々／鶏骨つき手羽元8本／しょうが少々／ねぎ（青い部分）10cmくらい／酒大さじ3／砂糖大さじ2／しょうゆ大さじ3／水適宜／塩少々／いんげん適宜

つくり方

①栗は、固い皮と渋皮をむく。

②厚手の鍋にサラダ油を流して、鶏肉を焼きつける。こんがり焼けてから裏返して、たたいてつぶしたしょうがとねぎはそのまま加える。

③鶏肉の両面がこんがり焼けたら、酒、砂糖、しょうゆと水をひたひたに加え、あくを取りながら煮込む。

④汁が$\frac{1}{3}$くらいになったら、栗を加えて、ねぎとしょうがは取り除き、塩で味を調える。

⑤汁気がすっかりからまって照りが出たら鍋をゆすって混ぜる。彩りとしてゆでいんげんを添える。

おべんとう献立として

・ごま塩ふりかけご飯　・もやしの炒めもの（赤・緑ピーマン入り）

Memo 栗が鶏肉の味を吸収し、ホクホクしておいしい。お湯を沸騰させて火を止めてから栗を入れ、栗の表面だけに火が通った状態にすると皮がむきやすい。いが栗から栗の実を取り出すと3個並んで入っていることが多く、外側の2つの栗はふんわり、真ん中の栗はほっそりしているので栗を見ながら外栗、中栗のあてっこ遊びもできます。

頭からパクパク食べよう!

わかさぎの天ぷら

材料 (大人2人+子ども1人分)わかさぎ小12～13尾／衣：小麦粉1/2カップ、片栗粉大さじ1、卵1/2個、水1/4カップ、塩ひとつまみ、青のり小さじ1／小麦粉適宜

つくり方

①わかさぎは、洗ってお腹のところを押してフンを絞り出し、ペーパーで水気を取っておく。

②小麦粉、片栗粉、卵、水、塩、青のりを混ぜて衣をつくる。

③ビニール袋に小麦粉とわかさぎを入れてまぶし、さらにわかさぎを②の衣にくぐらせて中温の油でカラリと揚げる。

おべんとう献立として

・きざみ小梅の混ぜおにぎり　・さつまいもの茶きん（甘煮にしてつぶす）

Memo わかさぎは小さくてキラキラしていてきれいな魚です。氷に穴を開けて釣ることなどを子どもと一緒に話しながら観察するのも楽しいでしょう。揚げるときに油がはねないよう、ビニール袋にわかさぎと小麦粉と入れてまぶすところを子どもと一緒に。身が軟らかくて揚げると骨ごと食べられるのでカルシウム摂取にも最適。

冬のおかず

冬は、大根、さといもなど、からだをあたためる根野菜が重宝します。親子で一緒につくって、気持ちもあったかくなる冬のおかずメニューです。

ツルンと皮をむくのが楽しい

さといもの きぬかつぎ

材料 (大人2人+子ども1人分)さといも8個／ねりみそ:みそ大さじ$2\frac{1}{2}$、ねりごま大さじ1、砂糖大さじ$1\frac{1}{2}$、だし汁大さじ1

つくり方

①さといもは洗って水気を切らずにそのまま電子レンジで100gにつき2分間加熱する。しっかり火が通ったら上から半分のところの皮に切れ目を横に入れ、ふきんで上と下をねじって上半分だけ皮をむく。

②ねりみそをつくる。耐熱容器にみそ、ねりごま、砂糖、だし汁を入れて混ぜ、ふんわりとラップをして電子レンジで30秒加熱。かき混ぜて、さらに20秒加熱する。

③さといもに、ねりみそをつけながら食べる。子どもはお好みで。

おべんとう献立として

・ちりめんじゃことごまの混ぜご飯　・ほうれん草のなめたけ和え　・えびのうま煮

Memo さといもの皮は、加熱してから切れ目を入れて、ふきんでおさえながらねじると簡単にむけます。食べるときもツルッと皮がむけるので、遊び感覚で食べられて子どもも大喜び。さといものぬめりで手がかゆくなったら酢水につけます。肌が弱い子は様子を見ながら進めていきましょう。

貝がらをお皿にしてみても

ほたての オイスターソース炒め

材料 (大人2人+子ども1人分)ほたての貝柱5個／はるさめ40g／ピーマン(赤と緑と黄)各$\frac{1}{3}$個／ねぎ15㎝／サラダ油大さじ1／オイスターソース大さじ2／しょうゆ大さじ1／中華スープ1カップ／片栗粉適宜／ごま油小さじ1

つくり方

①ほたては横に切って2枚にする。はるさめはゆでて戻し、水につけないでざるにあげ、食べやすい長さに切る。

②ピーマンは太めの千切りに、ねぎは細く斜め切りする。

③フライパンにサラダ油を熱しほたてを炒め、火が通ったら取り出して、同じフライパンにピーマンとねぎを入れサッと炒める。

④③のピーマンとねぎをオイスターソースとしょうゆで味つけ、中華スープを入れたら少し煮て、はるさめを加えて水溶き片栗粉をまわし入れ味をからめる。

⑤④にほたてを戻し、なじませるように炒めて最後にごま油を落とす。

おべんとう献立として

・炒り卵の混ぜご飯　・さといもの煮ころがし

Memo ほたては火を通しすぎるとゴムみたいになるので、やっと火が通ったぐらいがベスト。ほたては冷凍やボイルされたもののほうが調理しやすいでしょうが、もし貝殻つきが手に入れば、よく洗ってお皿にしても。貝殻で手を切らないように気をつけてあげれば、砂遊びやおままごとにも使えます。

バリバリと白菜をむいてみる

白菜のさっぱり中華丼

材料（大人2人+子ども1人分）白菜2枚／玉ねぎ1/4個／ピーマン（赤と緑）各1/2個／もやし1/2袋／ウズラの卵1個／えび5尾、塩少々、酒大さじ1／豚バラ肉100g、塩少々／サラダ油大さじ1／にんにく、しょうがみじん切り各小さじ1/3／水1 1/2カップ／中華スープの素小さじ1／砂糖小さじ1/2／しょうゆ少々／片栗粉適宜／ごま油小さじ1／ご飯茶わん3杯分

つくり方

①白菜は1㎝幅の斜め切り、玉ねぎは薄切り、ピーマンは太めの千切りにする。もやしは洗っておく。ウズラの卵はお湯でゆでて殻をむき、飾り用にとっておく。えびは背わたと殻を取って半分に切り、塩と酒で下味をつける。豚バラ肉は4等分して軽く塩を振っておく。②フライパンにサラダ油を熱し、みじん切りにしたにんにくとしょうがを炒めて香りが出たら、白菜、玉ねぎ、ピーマン、もやしを入れて炒め、水と中華スープの素を加えて軟らかくなるまで煮る。③えびと豚バラ肉に片栗粉をまぶして②に加え、とろみがついてきたら、砂糖、しょうゆを加え、水溶き片栗粉でとろみを調節してごま油を入れて仕上げる。④③をご飯にかけて、半分に切ったウズラの卵を飾る。

おべんとう献立として

・フライドさつまいものごま塩がらめ　・りんご

Memo 大きな白菜の葉っぱを1枚ずつバリバリむくのは子どもも楽しいでしょう。白菜は、繊維が強くて子どもはかみ切れないこともあるので、繊維をたち切るように斜め切りにします。ウズラの卵の殻は、鶏の卵と違って軟らかく、むきにくいでしょうが、大人が横で様子を見ながらチャレンジさせてみましょう。

たわしでゴシゴシ大根を洗おう！

大根と鶏ひき肉のそぼろ煮

材料（大人2人+子ども1人分）大根小1/5本／サラダ油小さじ2／鶏ひき肉70g／しょうゆ大さじ2／みりん大さじ1

つくり方

①大根はたわしでよく洗い、皮をむかずに乱切りする。少し大ぶりでよい。

②鍋にサラダ油を熱して鶏ひき肉をポロポロに炒め、大根を加えて大根が少し透き通るまで炒める。

③②にしょうゆとみりんを加えて、炒め煮する。

おべんとう献立として

・ちぎりのりのご飯　・かまぼこの天ぷら

Memo 子どもは、大根をたわしでゴシゴシ洗うお手伝いができます。大根は、長い青首大根やまん丸い聖護院大根などかたちがさまざまです。たまにはかたちが違うものにしてみても。この料理は、皮をむかずに煮るので、グニャッとならずに歯ごたえがよくておいしく食べられます。

衣をグルグルかきまぜて…

カリフラワーの中華フリッター

材料　(大人2人+子ども1人分)カリフラワー小5房／ブロッコリー小5房／にんじん1本／衣：小麦粉大さじ5、片栗粉大さじ1、ベーキングパウダー少々、卵1/2個、水大さじ5、塩少々／甘酢あん：砂糖大さじ3、塩小さじ1/3、水1/2カップ、片栗粉適宜、酢大さじ1／小ねぎ少々

つくり方

①カリフラワーとブロッコリーは小房に分けてゆでておく。にんじんは乱切りにして、軟らかくゆでる。

②小麦粉、片栗粉、ベーキングパウダー、卵、水と塩を混ぜて衣をつくり、カリフラワーやブロッコリー、にんじんに衣をつけて、中温の油でゆっくりと揚げる。

③甘酢あんをつくる。砂糖と塩と水を火にかけて沸騰したら、水溶き片栗粉でとろみをつけて酢を加える。

④揚げたフリッターに、③の甘酢あんをトロリとかけて、あれば小口切りにした小ねぎを振りかける。

おべんとう献立として

・卵チャーハン　・きゅうりのハム巻き

Memo　子どもは、衣を混ぜるときにグチャグチャとお手伝いができます。カリフラワーやブロッコリーなどモソモソした食感で食べにくいものは、衣をつけて揚げることで香ばしくてまとまりも出て、食べやすくなるでしょう。甘酢あんかけは、酢がだ液の分泌を促し、食欲を増す重宝な味つけです。

開けた瞬間の風味を楽しむ

たらのホイル焼き

材料　(大人2人+子ども1人分)たら3切れ(子どもは50gくらいの小さな1切れとする)／にんじんスライス3枚／しめじ1/2パック／ピーマン1個／塩少々／酒大さじ2

つくり方

①20×30㎝にアルミホイルを広げて、たらを真ん中におき、型で抜いたゆでにんじんと、小房に分けたしめじと、太めに切ったピーマンを添えて、塩と酒を振りかけて、ホイルで包む。

②フライパンに水を張って火にかけて、沸騰したら、ホイルを並べ入れ、ふたをして10分間蒸らし焼きにする。

③食べるときは、お好みでポン酢か酢じょうゆをかけるとよい。

おべんとう献立として

・ふりかけご飯　・えのきとほうれん草とベーコンのバター炒め

◎たらのホイル焼きは、ホイルごとおべんとう箱に入れる

Memo　子どもが好きなようにホイルに具を詰めさせてみましょう。密閉されたホイルを開けた瞬間に漂うきのこや魚の風味が楽しめます。具の下にこんぶを敷くと、こんぶのうまみを吸いこんでよりおいしくなります。ホイル焼きは白身魚に限らず、鶏肉や牛肉などでも応用ができます。

料理が苦手でも大丈夫

入園おべんとクッキング講座

3～4歳になると、幼稚園に入園し、毎日のおべんとうづくりがスタートする人もいます。初めておべんとうをつくる保護者の方は、思わず力が入りますね。そこで、料理研究家の田中先生にスムーズに毎日のおべんとうをつくるコツを教えてもらいます。

おべんとうづくりのコツ……

Q　もうすぐ幼稚園に入園します。料理が苦手な私が、毎朝おべんとうをつくれるか心配です。

A　はじめてのおべんとうづくりはいろいろ心配ですよね。でも、大丈夫。私は「料理の仕事をしている」と言うと、まわりの人たちに「子どものおべんとうづくりはお手のものでしょう!?」と言われますが、料理は好きでもその前に、大変な問題が…。早起きが苦手なのです。朝寝坊しても、いかにおべんとうをラクに見映えよくつくるか――。そのコツをお伝えしましょう。

まずは、おべんとう日の前日に、ザッとメニューを考えておきます。目覚めたばっかりの頭では、テキパキと動けるわけがありません。事前に、**冷蔵庫に残っているものをチェックしておくこと**も忘れずに。

また、朝、おべんとうメニューをいちからつくっていたのでは、時間がいくらあっても足りません。朝から、千切り、みじん切り…では、つらすぎますね。**下ごしらえは、夕飯を作るときに、いっしょにすませておきましょう。**

最後に、**明日の朝の行動パターンもイメージしておきましょう。**たとえば、朝、起きる。一番はじめはタイマーで炊いたご飯を冷ましておく。その次に、冷凍しておいたものを電子レンジで解凍。チャチャッとソースにからめたら、冷蔵庫のゆで野菜と卵を炒める…。

なんとなく、「おべんとうづくりも簡単にできそう」って気になりませんか。

それに、料理が苦手な方は、**いざというときの「基本パターン」**をいくつかつくっておくと、おべんとうづくりが苦にならなくなるでしょう。

いざというときの基本パターン①
卵焼きべんとう

小さなおにぎり、卵焼き、
ほうれん草とハムの炒めもの、ミニトマトを入れます。

いざというときの基本パターン②
チキンピラフべんとう

チキンピラフ（炒り卵のせ）、きのこのバター
じょうゆ焼き、ゆでブロッコリーを入れます。

スムーズにおべんとうをつくるコツは？

Q 毎日、朝食の支度だけで精一杯なのに、子どものおべんとうまでつくれるかどうか心配。スムーズにおべんとうをつくるコツがあれば教えてください。

A では、5分だけ早起きしてみませんか？

つくっているうちに慣れてくるので、心配いりません。でもひとつ気をつけたいのは、あわててつくって、あたたかいままのおべんとうを持たせること。冷ます時間を想定したスムーズなおべんとうづくりのコツをご紹介します。

スムーズにおべんとうをつくるコツ

熱いものから順番につくる！……

おべんとうは「冷ましてからふたをする」のが基本。冷めるのに時間がかかるものからつくるのがポイントです。

1 アツアツのご飯をおべんとう箱に詰めるorおにぎりを握る
⇒保冷剤を敷いて冷ましておく。

2 ゆでるものがあれば、お湯をわかす

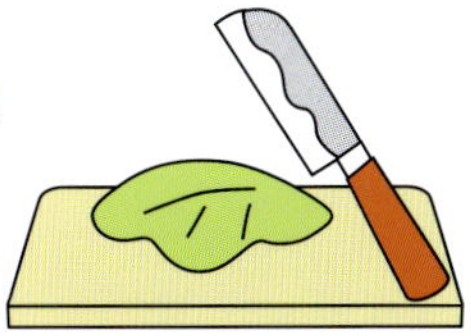

3 きざむものがあればきざむ

4 煮る、炒めるなど、火を通して冷めるまでに時間がかかるものから調理する
⇒できたらお皿に広げて冷ます

5 冷まさなくていいもの（サラダや和えものなど）を最後につくる

6 すべて冷めたら、おべんとう箱に詰める

「ながら料理」ができたら、一人前！

たとえば……

◆お湯をわかしたり、煮たりしている間にきざむ

◆手が離せなくて「ながら料理」の難しい薄焼き卵、厚焼き卵、揚げものなどは、はじめにつくっておく

◆電子レンジで解凍している間にソースをつくるなど

裏技！ 急速、保冷剤冷まし……

おかずやおにぎりなど、すぐに冷ましたいものは、冷凍した保冷剤の上にのせておくと、短時間で冷ませます。

おべんとう内の温度差は厳禁！……

食中毒予防のキーポイントは、おべんとうの中身同士に温度差を生じないようにすること。おべんとうの中身は、詰める前にお皿で冷ましておくか、アツアツのご飯やおかずなどあたたかいものだけをおべんとう箱に詰めて、下に保冷剤を敷いて一気に冷ますなどの工夫をしましょう。

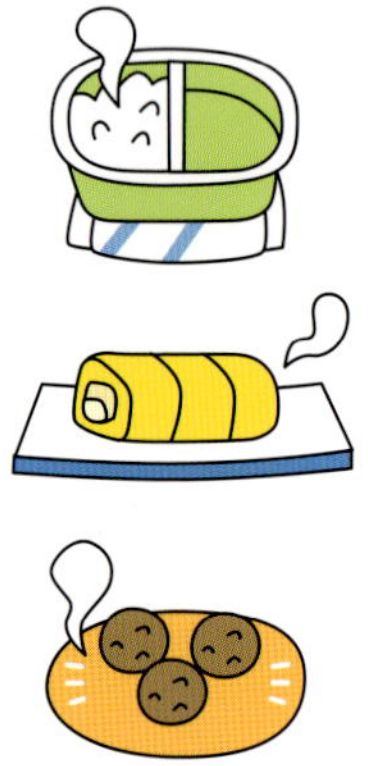

ご飯は熱いうちに握るのが原則……

ご飯は、冷めるとまとまらないので、おにぎりはアツアツのうちに握ります。アツアツのご飯が熱くて握れない人は、ラップを使って握るといく分熱さはやわらぎます。また、おべんとう箱にご飯を詰めるときも、熱いうちだときれいに入ります。一方、小食の子の場合などご飯を少なめに詰めたいときは、茶わんで冷ましてからふんわりと詰めるとご飯の量は減ります。

おべんとうづくりにかかる時間は？

Q 雑誌で「おべんとう拝見」コーナーを見ると、毎日つくるのにすごいなあ…と感心してしまいます。みんな、おべんとうづくりにどれくらい時間をかけているのでしょうか？

A おべんとうづくりにかける時間は、その人の料理経験によってもずい分違ってきます。実際に、P79の基本パターンのおべんとうをつくるのに、どれくらいの時間がかかるか試してみましょう。

超初心者

A子さん
おべんとうづくり歴５回未満
料理が苦手

ベテラン

田中先生
おべんとうづくり歴10年
料理研究家

つくってみよう！❶

卵焼きべんとう（P79）の場合

前日の下ごしらえ

◆お米を洗ってタイマースイッチ

◆ほうれん草は、ゆでて冷蔵庫にストック（P83参照）

おやすみ前にスイッチオン！

Start!

朝の調理

1 ベテラン5分／超初心者8分

炊きたてのご飯（子ども茶わん1杯弱）でおにぎりを握る。一息おいて、のりを巻く。

⇒保冷剤を敷いたお皿で冷ます。

あちっ

2 ベテラン5分／超初心者10分

卵（2個）を溶いて塩（少々）、酒（小さじ1）、砂糖（大さじ1½）を入れてフライパンで卵焼きをつくる。

⇒お皿で冷ます

あ、同じフライパン！

3 ベテラン2分／超初心者5分

ゆでほうれん草（2株）とハム（1枚）を食べやすい大きさに切って、②と同じフライパンで炒める。

⇒お皿で冷ます

冷めなーい

4 ベテラン3分／超初心者7分

全部冷めたら、おべんとう箱に詰める。

Goal!

朝の調理時間

ベテラン 田中先生

15分

超初心者 A子さん

30分

つくってみよう！❷

チキンピラフべんとう（P79）の場合

前日の下ごしらえ

◆オクラやブロッコリーは、ゆでて冷蔵庫にストック（P83参照）

おやすみー

Start!

朝の調理

塩

1 ベテラン1分／超初心者5分

玉ねぎ（1/6個）は粗みじん切りに、鶏もも肉（1/6枚）は1cm角に切って、鶏肉に塩をまぶしておく。

そのままじゃダメですか？
必ずチンしてネ！

2 ベテラン1分／超初心者2分

オクラやブロッコリーのゆで野菜は、一回電子レンジで加熱しておく。⇒お皿で冷ます。

3 ベテラン1分／超初心者5分

フライパンにバター（小さじ2）を入れて、溶き卵（1個）でフワフワ炒り卵をつくり、取り出す。

4 ベテラン5分／超初心者10分

同じフライパンに鶏肉を入れて中まで火が通ったら、玉ねぎを加えて炒める。さらに、ご飯（子ども茶わん1杯弱）を加えて炒めた後、トマトケチャップ（大さじ2）と塩少々で味を調える。⇒保冷剤を敷いたお皿で冷ます。

5 ベテラン2分／超初心者5分

フライパンを洗って火にかけ、バター（小さじ1）を落とし、しめじ（1/4株）としいたけ（1枚）を細かくちぎって入れ、しょうゆ（小さじ1）で炒める。⇒保冷剤を敷いたお皿で冷ます。

冷めないうちにフタをしめちゃいけません！

6 ベテラン2分／超初心者3分

全部冷めたら、おべんとう箱に詰める。

Goal!

朝の調理時間

ベテラン 田中先生	超初心者 A子さん
12分	30分

下ごしらえのコツは？

Q できるだけ、朝の調理は簡単にすませたいのですが、おべんとうの下ごしらえって、どんなことをすればいいんですか？

A 前もって準備できることは、ドンドンやっておきましょう。下ごしらえのコツとして、「ゆで野菜冷蔵ストック」と「冷凍ストック」の2つの作戦を紹介します。

下ごしらえのコツ❶

ゆで野菜冷蔵ストック作戦

けっこう手がかかるのが野菜。普段の食事づくりもラクになるように、2〜3種類のゆで野菜をいつも冷蔵庫に用意しておきます。まず野菜を買ったときに、鍋にお湯をたっぷりわかして、あくの弱い野菜から順番に同じ湯でゆがくとラクチン。ごま和え、酢のもの、炒めものに。つけ合わせや色みが足りないときにも重宝します。

ただし、ゆで野菜を活用するときは、3日以内に使い切ること。1日目は、和えもの、サラダ、酢のものなどに。2日目以降は、必ず一度は加熱して、おべんとう箱へ。

ゆで野菜を活用した簡単レシピをご紹介します。（分量は子ども1人分）

ゆで野菜とゆで卵のサラダ

ゆで野菜

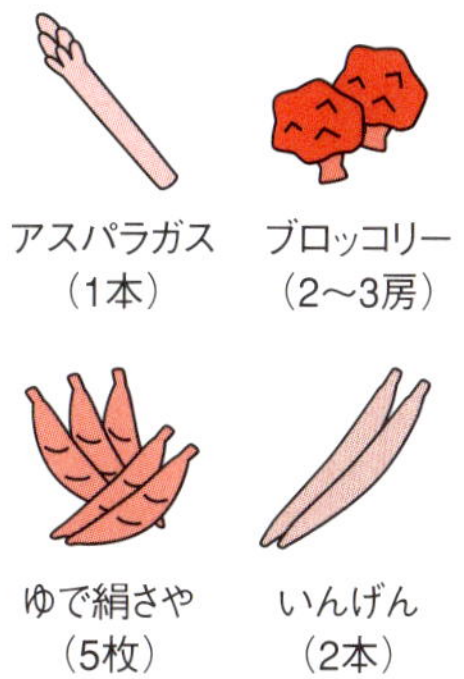

などのいずれか1種類

＋

ゆで卵（1/2個）＋マヨネーズ（小さじ1）＋しょうゆ（少々）

ゆで野菜のハム or ベーコン巻きソテー

ゆで野菜

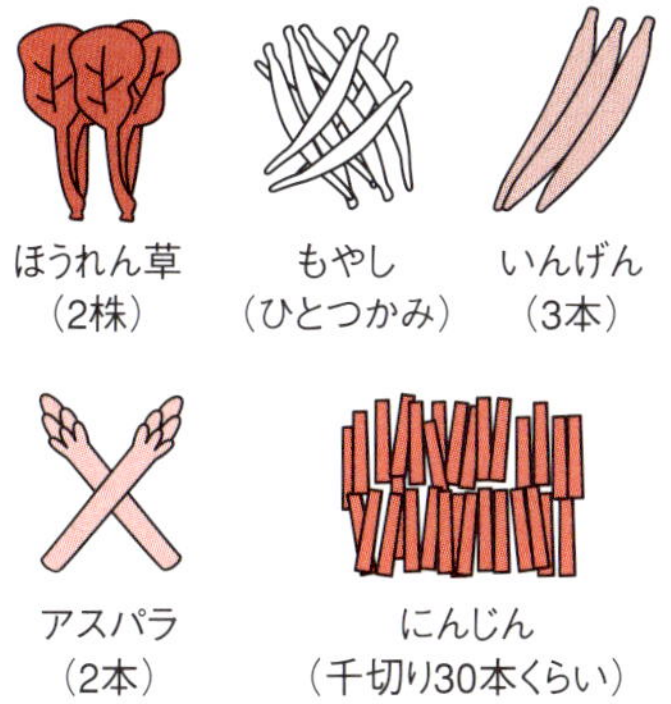

などのいずれか1種類

＋

ベーコン（1/2枚）or ハム（1枚）で巻いて焼く

ゆで野菜とソーセージのマヨネーズグラタン

ゆで野菜

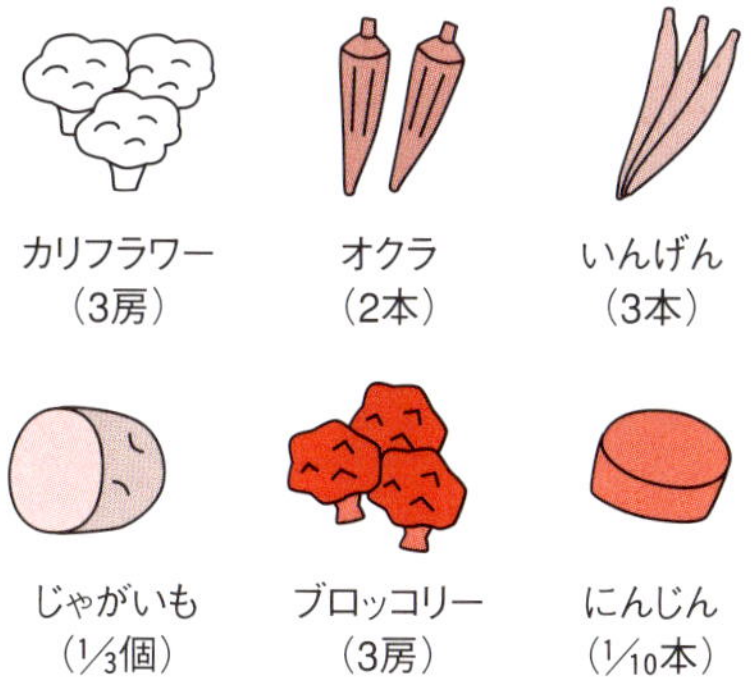

などのいずれか1種類

＋

ソーセージ（2本）＋マヨネーズ（小さじ2）→アルミカップに入れる＋とけるタイプのチーズ（大さじ1）→オーブントースターで焼く

下ごしらえのコツ❷

冷凍ストック作戦

ハンバーグ、シュウマイなど、普段の食事のおかずから取り分けて、おべんとう用に小さいものをつくって冷凍しておきます。

冷凍ストックを活用するには、次の点に気をつけて。

❶どんな素材でも、家庭用冷凍庫を過信しないで、1〜2週間以内で必ず使い切る。

❷調理後は必ず冷まし、なるべく早めに冷凍する。

❸一度解凍したものは再び冷凍しない。

❹冷凍庫のにおいがつきやすいので、ソースをからめるなど味つけをして調理をする。

食材別冷凍のコツ

ご飯、パン、めん類

◇ご飯

炊きたてを冷まして茶わん1杯分ごとにラップで包んで冷凍。

⇒冷凍のまま電子レンジで加熱して、おにぎりやチャーハン、ピラフに。

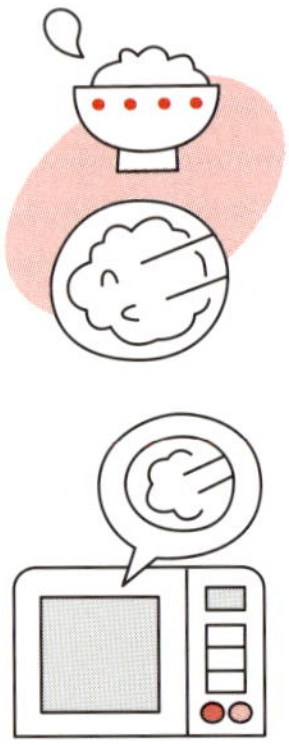

◇いなり寿司

味がしみこんだ油揚げを冷まして水気をよく絞り、1つずつラップに包んで冷凍。寿司飯を詰めた状態でも冷凍可能。

⇒電子レンジで加熱。

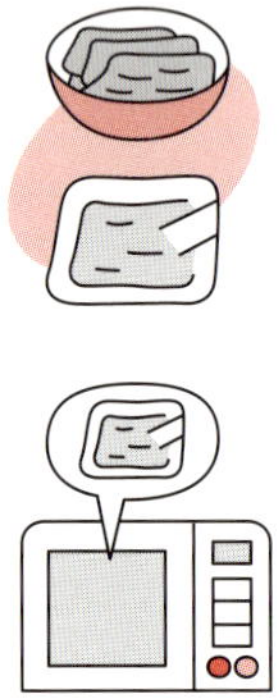

◇食パン、蒸しパン

1食分ずつに切って、ラップで包んで冷凍しておく。

⇒食パンは凍ったまま焼く。蒸しパンは蒸しなおす。

◇サンドイッチ

サンドイッチはラップで包んで冷凍する。具は、ゆで卵やツナマヨネーズ、ジャム、ハムは冷凍が可能。きゅうり、レタス、トマトなどの生野菜は冷凍に不向き。

⇒夏場は凍ったまま持参し、溶けたところで食べる方法も。しっとりしておいしくなる。

◇パスタなどのめん

多めにゆでて残った分をラップでなるべく薄く包んで冷凍。

⇒ゆで直して調理。熱湯でほぐすようにするだけでよい。

肉類

◇ハンバーグ、ミートボール

おべんとうサイズで焼いて、冷ましてからラップで包んで冷凍。

⇒冷凍のまま電子レンジで加熱。またはソースなどで煮込めば冷凍庫のにおいも気にならない。

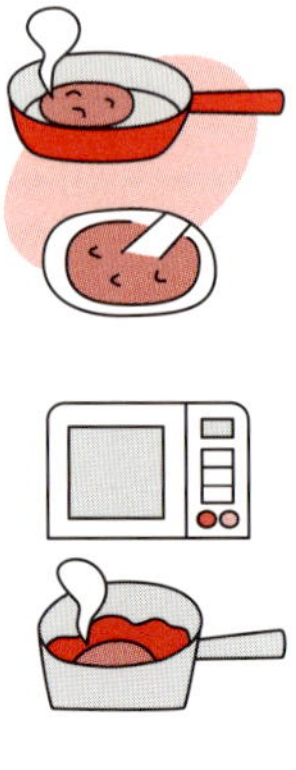

◇ぎょうざ、シュウマイ

一度蒸してラップで包んで冷凍。焼いたぎょうざは冷凍するとカリカリ感がなくなり水っぽくなる。

⇒凍ったまま蒸すor焼く。

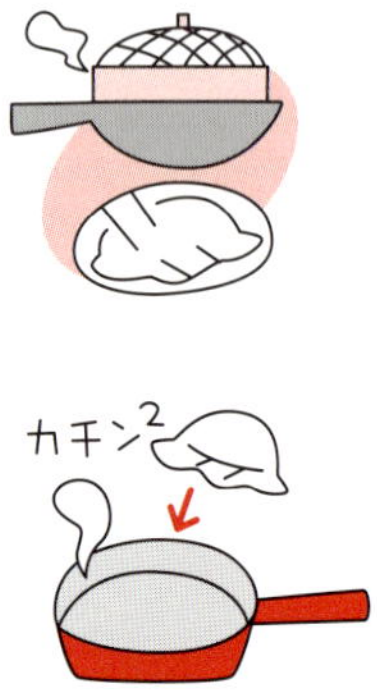

◇とんかつ、コロッケ、フライなど

パン粉をつけた状態で保存容器に1個ずつ取り出せるように並べて冷凍。

⇒冷凍のまま揚げる。

◇から揚げ、チキンナゲット

油で揚げてから保存容器に1個ずつ取り出せるように並べて冷凍。

⇒冷凍のまま揚げなおすか、電子レンジで加熱。最後にオーブントースターで焼くとカラッとする。

魚類

◇切り身（みそ、しょうゆ漬け）

みそ床やしょうゆに漬けて、一切れずつラップに包んで冷凍。

⇒冷蔵庫に入れて解凍後に焼く。

◇鮭フレーク

焼いてフレーク状にしてから冷凍。

⇒冷凍のまま電子レンジで加熱し、ごま油と白ごま、しょうゆで炒めてふりかけに。または、炒めものや卵焼きの具にも。

野菜類

◇さといも

一度ゆでてから冷凍。野菜の中では、冷凍しても味が落ちない数少ない食材。

⇒凍ったまま煮物などで調理可能。

その他

◇のり、かつお節、ごま

密封して冷凍庫に。冷凍すると湿気ないので長持ちする。

⇒冷凍庫から出してそのまま使用。

メニューを考えるコツは？

Q 毎日おべんとうをつくっているとメニューに行き詰まらないのでしょうか。メニューを考えるコツがあれば教えてください。

A 「色」、「味」、「ローテーション」の3つを頭においてメニューを考えていくと、いろいろなアイデアが出てきます。それでも、メニューを考えるのに疲れたら、ピラフや丼もの、サンドイッチと果物などで息抜きをするのもいいでしょう。

色

メインのおかずと野菜の副菜を決めてから、彩りをみて、それを補うものを考えます。

例

1日目

茶▼豚肉のみそ漬け焼き

黄色・緑▼かぼちゃのはちみつがらめ

緑▼ゆでブロッコリー

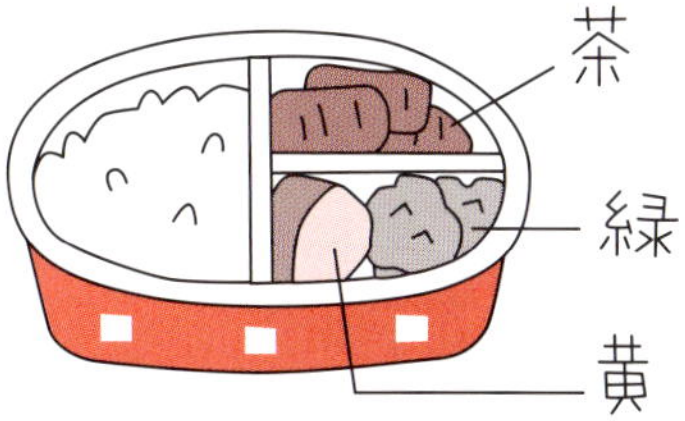

2日目

茶▼ミニハンバーグ

赤▼にんじんの甘煮

緑▼いんげんのバターソテーなど

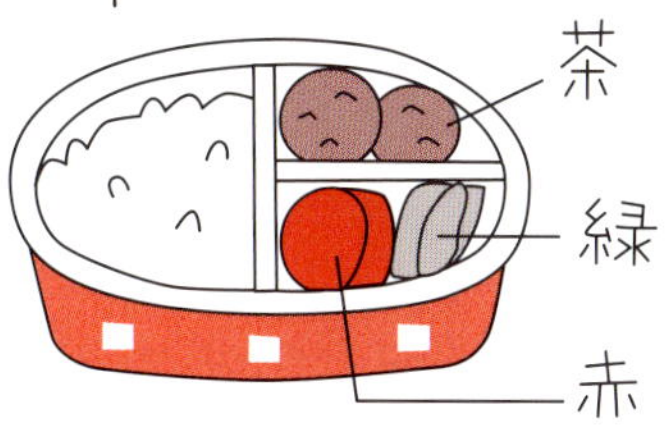

味

メインがしょうゆ味なら、副菜はマヨネーズ味など、味が偏らないようにメニューに変化をつけます。

例

1日目

しょうゆ味▼焼きとり

マヨネーズ味▼小松菜とかにかま（ハム）のマヨネーズ和え

塩味▼粉ふきいも

2日目

塩味▼ソーセージの洋風卵焼き

バターしょうゆ味▼なすとピーマンのソテー

カレーマヨネーズ味▼もやしとほうれん草のカレーマヨネーズ和えなど

ローテーション

今日が、薄切り肉なら、明日は魚介類、次の日はひき肉に…などと変化をつけて考えます。

例

今日▼から揚げ

明日▼えびのケチャップ炒め

明後日…▼シュウマイ、たらのピカタ、豚のしょうが焼きなど

市販の冷凍食品の活用法は？

Q 市販の冷凍食品がいろいろあるので、わざわざおかずをつくらなくてもいいのかな、とも思います。実際、市販の冷凍食品をどのように活用したらいいでしょうか？

A 毎日のおべんとうづくりに冷凍食品は強い味方。でも、味覚が形成される幼児期は、家庭の味体験も大事にしたいものです。冷凍食品を電子レンジでチンしてそのまま詰めるのではなく、ちょっとしたひと手間を加えていっそうおいしくなるレシピを紹介します。

「冷凍フライドポテト」でジャーマンポテト

材料◇フライドポテト（冷凍）5本／ベーコン$\frac{1}{3}$枚／玉ねぎスライス3枚／サラダ油小さじ2

つくり方◇玉ねぎスライスをサラダ油で炒め、しっとりしたらベーコンと凍ったままのフライドポテトを入れて中火で炒める。ベーコンからほどよく油が出て、ポテトがとけてくるとうまく味がからむ。塩少々で味を調える。

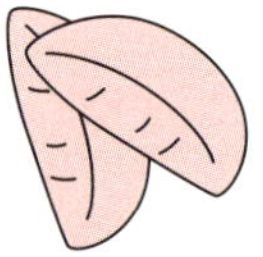

「冷凍鶏のから揚げ」でオイスターソース炒め

材料◇鶏のから揚げ（冷凍）3個／もやしひと握り／ピーマン$\frac{1}{2}$個／オイスターソース小さじ1／しょうゆ小さじ$\frac{1}{2}$／酒小さじ1／サラダ油小さじ1

つくり方◇から揚げはレンジで解凍して食べやすい大きさに切る。もやしとピーマンの千切りをサラダ油で炒め、から揚げを加えてオイスターソースとしょうゆと酒をからめる。

「冷凍白身魚のフライ」でチーズ焼き

材料◇白身魚のフライ（冷凍）1個／トマトソース大さじ1／とけるタイプのチーズ大さじ1

つくり方◇白身魚はオーブントースターなどで焼く。アルミカップにトマトソースをしいて、白身魚のフライをのせ、チーズをのせてもう一度オーブントースターで焼く。

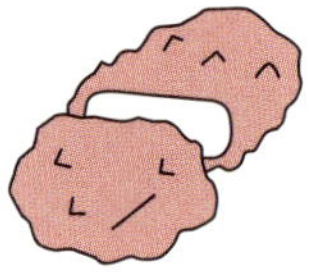

「冷凍ハンバーグ」でカレークリーム煮

材料◇ハンバーグ（冷凍）1個／玉ねぎスライス5枚くらい／牛乳50㎖／カレー粉少々／小麦粉、バター各小さじ$\frac{1}{2}$／塩少々

つくり方◇バターで玉ねぎを炒め、小麦粉とカレー粉を振り入れてさらに炒め、牛乳でのばす。ハンバーグを入れて煮込む。塩で味を調える。

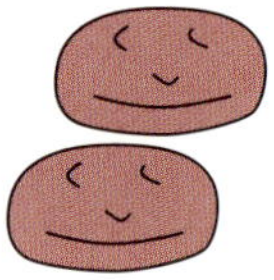

残りものおかずのアレンジ法は？

Q いつも夕食のおかずが少しだけ残ります。子どものおべんとうにアレンジしたいのですが、いいアイデアが浮かびません。

A 煮物→煮物、肉だんご→肉だんご、と考えずに、素材として見てみると、肉じゃがなら、玉ねぎ、肉、にんじん、じゃがいもが下味のついた素材に見えてきます。ハンバーグだって、ひき肉、玉ねぎは火が通って味がついている素材に見えませんか。あとはつぶそうがきざもうが自由ですよ。

甘酢あんをかける「野菜の酢豚風」

玉ねぎ（きざんで大さじ2）、たけのこ（3㎝角2個）、にんじん（2㎝角2個）、ピーマン（$\frac{1}{4}$個）を炒める。

＋

残りものおかず

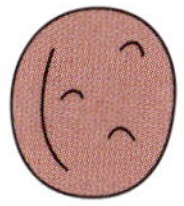

ハンバーグ
（小1個）

などのいずれか1種類を食べやすい大きさに切り、加えて炒める。

＋

しょうゆ（大さじ1）、砂糖（小さじ2）、酢（小さじ1～2）、ごま油（小さじ1/3）で味を調えて、水溶き片栗粉でとろみをつける。

卵でとじる「卵とじ」

残りものおかず

肉じゃが

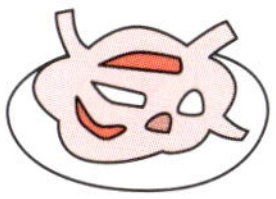

かき揚げ

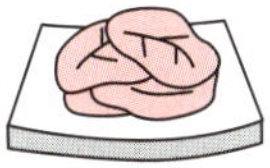

キャベツの煮もの

などいずれか1種類をきざんで炒める。（分量はきざんで大さじ3）

＋

しょうゆ・みりん（各小さじ1 1/2）、だし汁（50㎖）で味をつけて、卵（1個）でとじる。

ワンタンの皮で包む「ワンタン揚げ」

残りものおかず

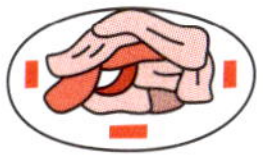

野菜ソテー

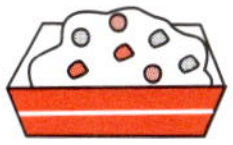

ポテトサラダ

グラタン

などいずれか1種類を、きざむか水気を軽く切る。（分量はすべて大さじ3くらい）

＋

ワンタンかぎょうざの皮（3～5枚）で包んで揚げる

卵焼きをきれいにつくるには？

Q うちの子は、卵焼きが大好きなので、きれいにつくってあげたいのですが、なかなかうまく巻けません。いい方法はありますか？

A 卵焼きは電子レンジを使うとうまくできるので、試してみてください。でも、フライパンでつくるものとは食感が少し違うので、あくまでもフライパンでできないときのアイデアとして紹介します。

材料◇卵2個／砂糖大さじ1／酒大さじ1／塩ひとつまみ／かまぼこ1切れ／ねぎ3㎝

つくり方◇

1. かまぼことねぎは、みじん切りにする。
2. 卵を溶いて、砂糖、酒、塩とかまぼこ、ねぎを入れてよく混ぜ、耐熱ボールに入れてピシッとラップをして電子レンジで20秒加熱する。
3. 再度かき混ぜてから、巻きすの上にラップを敷いて、卵をのせて巻き、両脇はゴムでとめて巻きすごと上からかたちを整える。電子レンジでパンクしないように、巻いてからつま楊枝でラップに何ヵ所か穴をあけておくとよい。
4. 巻きすごと電子レンジで1分間加熱。余熱で固まるので少しおいてラップをはずして切る。

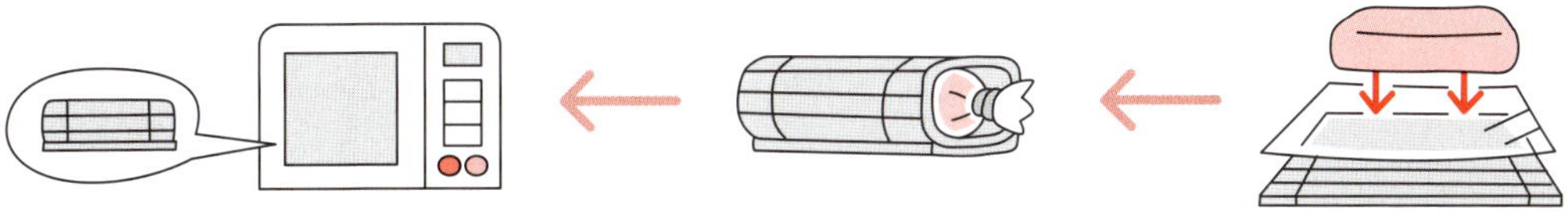

発達心理学の立場から

手作り料理ではぐくまれる心とからだ

こどもの城小児保健部・臨床心理士　井口由子

食べることを通して子どもは人とふれあっていきます

赤ちゃんは、おなかがすくと、精いっぱい泣き声をあげて伝えようとします。それは自分の命をかけた訴えともいえ、大人に抱っこされ、授乳されることで満たされます。それをくり返すうちに、自分ではどうしようもない欲求不満や不安を救ってくれるのは、特定の大人（おもにお母さん）であることに気づきます。

おっぱいやミルクを飲みながら、お母さんのぬくもりやほほえみ、声、あたたかさなどを感じ、自分を守ってくれる人との絆をはぐくんでいくことが、安心感の源になるのです。

離乳食の時期になると、赤ちゃんは大人とのやりとりで食べることを覚えていきます。用意したものを赤ちゃんが食べてくれると、お母さんはほっとしてうれしくなり、互いによいリズムが生まれます。一方で、なかなか食べてくれないときは、赤ちゃんにも調子の変化があるんだな、ということがわかります。

互いのコミュニケーションもはぐくまれ、お母さんがゆったりした気持ちだと、赤ちゃんもよく食べてくれますが、イライラした気持ちだと、食べるのをいやがることもあります。赤ちゃんは、大人の気持ちの変化を敏感に感じ取るのかもしれません。

幼児期になると、家族が食べているのを見て、「○○ちゃんも食べる！」と、大人が食べているものに手をのばしてきたりして欲しがるようになります。こうして家族で食卓を囲むなかで、子どもはいろいろなことを覚え、人間関係を学んでいくのです。

毎日の食事が子どもの五感を育てます

食事は、準備（料理、食卓のセッティング）→食べる→後かたづけという一連のプロセスが、１日３回、毎日繰り返されます。その習慣から、人間にとって大切な「五感」も刺激され、形成されていきます。

準備をしているとき、子どもは遊んでいるかもしれません。でも、「聴覚」や「嗅覚」を用いて、包丁で食材を刻んだり炒めたりする音や、炊き上がってくるご飯や温めたパンのにおいなどで、食事の時間が近いことを知ります。

「視覚」では、料理を見て「おいしそう」かどうか判断したり、食欲をそそられたりします。また、目新しい季節の野菜や果物の色や形を見ることは、子どもの好奇心をそそり、食に対する興味を広げます。

さまざまな味や舌触りを楽しむ「味覚」や「触覚」は、食べることでしか経験できません。こうした日々の積み重ねが、自分のからだで感じる力「感覚」をはぐくむのです。

お料理とは子どもにとって魔法の変化

1歳半ころになると、ままごと遊びで大人が調理する姿をまねするようになります。子どもにとって、食材を切る、鍋などで煮る・焼く、お皿に盛るなどの作業は、まるで手品のようなできごとなのです。

さらに、食材が切られて鍋などの中で違った状態に変化する様子は、子どもにとっては、魔法のような新鮮な発見です。たとえば、生卵は黄身と白身を混ぜると黄色い液状になりますが、煮たり蒸したり焼いたりすることで、フワッとかたまります。子どもにとってはおもしろいできごとです。

料理する過程を見ることで、想像力が養われると同時に、さまざまな食材を扱う技も学ぶのです。幼児期にお手伝いをさせてあげることは、大人にとってはかえって手間がかかることもありますが、子どもにはとても大切なことなのです。

おべんとうは持って歩ける「びっくり箱」

しかし、「忙しくて食事にばかり手をかけられない」という事情もあるでしょう。

　現在は、コンビニやスーパーなどで惣菜が売られ、火を使わなくても電子レンジで手軽に用意できる時代です。でも、一品だけでもよいので食卓に手料理をそえてみましょう。その感覚をおべんとう作りに活かし、何かひとつでも目新しいものを加えれば、おべんとう箱のふたを開けるときに、「今日はどんなおべんとうかな」と、毎回びっくり箱をあけるような楽しみが生まれます。

　家族で公園などに行き、空の下で、風や日差しを感じながら食べれば、同じ食べ物でも新鮮でおいしく感じられるはずです。幼稚園や保育園での遠足では、毎日の記憶に刻まれたなつかしいおうちの暖かさ、手作りのぬくもりが、おべんとう箱の中から伝わってくることでしょう。

　おべんとうのメニューには、ちょっとだけ遊び心を加えてあげるといいですね。ふたをあけると、大好きな動物やキャラクターの顔が出てくると、子どもはきっと喜びます。また、黄色や緑や赤など、カラフルな色合いも気分をもりあげてくれます。

　子どもが大きくなり、食事について話ができる年齢になれば、「今度は何を入れてほしい？」などと前もって聞いたり、「今日のおべんとうはどうだった？」と後からたずねたり、おべんとうをきっかけに、子どもの気持ちを聞けるようになります。

　小さいころのおべんとうは、自分を思ってくれた親の思い出として、大人になってからも心に残るものです。手作りのおべんとうで、親子で楽しいひとときが持てるといいですね。

ちょっぴり甘くてしょっぱくて…

myおべんとうストーリー

カステラべんとうをめぐる親の思い、子の思い

姜今美・27歳・薬剤師

「おべんとう広げたら大好きなカステラが入ってて、すっごくうれしかった記憶があるんだよね」

私の何気ない言葉に、隣にいた母の顔がこわばった。

私が通っていた幼稚園には給食がなく、お昼になると、椅子をまあるくテーブル代わりに並べて、友達とおべんとうを自慢し合ってワイワイ食べた。そのカステラべんとうは、おべんとうのおやつとしてカステラが入っていたのではなく、おべんとうの全面がカステラだった。カステラだけだったのである。なぜか私はそのおべんとうのことを鮮明に記憶していて、それはきっとおべんとうに関する私の人生で最も古い記憶だと思う。

それは、母がつくったものではなかった。父が入院していたころ、母は看病で家に帰ってこられず、知り合いの人たちが交替で私の面倒を見ていた。小さかった自分が大人の人に、おべんとうにカステラを入れてくれ、と頼んだようなイメージが微かに残っている。

その日、「おべんとうがカステラだけだった」と幼稚園の先生から母へ連絡があったそうだ。母はショックで怒りがこみ上げたと言う。そう言われてみれば、カステラべんとうはあの一回きりだった。

カステラべんとうが母の心を痛めていたとは、これっぽっちも思っていなかった。私がカステラべんとうを喜べば喜ぶほど、母はつらかったのだと今ならわかる。

カステラの黄色と茶色のおべんとう箱。大人になった今、母の心を知り、あのころのことを初めて振り返ってみると、小さいながらも、あのおべんとう箱を開けた私は寂しかったのかな、色とりどりの友達のおべんとうと比べて、もしかしたら恥ずかしかったのかな、と思う。小さい心で必死に受け止めようとしたとき、うれしいと思うしかなかったのかな、そんなふうにも思う。

小さいころのおべんとうは、大人が思っている以上に小さな心の大きな部分を占めていたのだろう。

小食の私が美味しさを初めて知った日

志智裕子・34歳・ハローワーク相談員

とにかく私は食の細い子どもで幼稚園におべんとうを持っていっても、ほとんど残してそのまま持ち帰ってきてしまうくらいだった。お腹がすいたという言葉を知らないのではないかというくらいに、お腹が鳴っても、「ああ、お腹が鳴っているからお腹がすいたのかな」と、そのこと自体に疑問を感じているような子どもだった。

そんなある日、親戚の家に行ったとき、電気釜ではなく、ガスで炊いたお米ときゅうりのぬか漬けを出してくれたことがあった。美味しいとはこういうことをいうんだと初めて知った日で、生まれて初めて一膳のご飯を完食することができたのを覚えている。

それ以来、母はガスで炊いたご飯とぬか漬けをいつもおべんとうに持たせてくれた。そして、私はおべんとうを残すこともなく、いつもきれいに食べるようになった。

主食のご飯が食べられなければこの子は大きくなれないんじゃないかと心配していた母。やっと娘の口から美味しいという言葉を聞けた母。帰宅するたび空になったおべんとう箱をうれしそうに洗う母の姿を、今でも覚えている。

ゆで卵型成層圏おにぎりができるまで

小波田えま・イラストレーター

うちの母のおにぎりは独創的です。つくり方はこうです。ボウルにご飯を入れる。塩を振る。混ぜる。手に水をつけてご飯をにぎる。具を入れる。にぎる。のりを巻く。

混ぜご飯のつくり方とごっちゃになっているのだと思われます。母の混ぜご飯はなかなかのものです。だけど、同じ技法でおにぎりをつくっていいってもんでもありません。

このおにぎりはものすごく塩気が薄いです。普通のおにぎりが大気圏だとすると、成層圏並の塩加減。ご飯地帯は砂漠のようです。まん中の具がオアシスです。ただひたすらオアシス目指して、味のしないご飯砂漠を進みます。まったく壮大なおにぎりです。

おにぎりは三角型や俵型がメジャーですが、母がにぎると不思議に卵型になりました。母はそれをひとつずつアルミホイールに包んでくれました。たいていゆで卵が一緒でした。ゆで卵もアルミホイールに包んでありました。

お昼になっておべんとうを取り出します。ナフキンの結び目を解くと銀色の卵が転がり出します。実は3つがおにぎりで1つがゆで卵です。卵はどれか、友達がよく賭けをして遊んでました。

おべんとう生活11年 抜け落ちたおかずの記憶

遠山宏樹・37歳・中学校教諭

私が育った町には学校給食という制度がなかった。幼稚園と小中学校の計11年間、母のつくったおべんとうを毎日持参していたのだ。つい最近までそれが当たり前だと思っていたのだが、給食で過ごした妻から驚かれ、自分が子持ちになり保育園に通わせてみると、毎日欠かさずにべんとうをつくるということは並大抵のことではない偉業だということがよくわかる。

母には感謝しなければと思うのだが、おべんとうのおかずを思い出そうとすると、鶏のから揚げ以外にほとんど思い浮かばない。そのくせべんとう箱のふたの裏についた水滴や、おそろしくまずい牛乳を一気飲み競争していた友人はリアルに思い出される。

子どもにとってのお昼とは、べんとうをできるだけ早く食べ終え、外に飛び出して遊ぶ時間だったのだから、おかずの記憶が抜け落ちているのは仕方がないのかもしれない。

今だからわかる 祖母のおべんとうへの感謝

横山幸代・34歳・広告代理店勤務

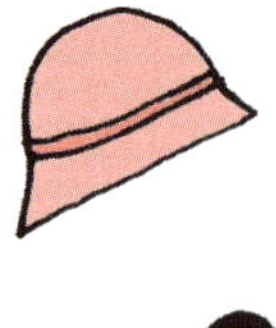

おばあちゃん、ごめんなさい。今でも、子ども用のおべんとう箱を見るたび、ちょっと苦い思い出がよみがえる。

「ほら、こんなにかわいくできたよ。これなら持って行ける?」小さなおべんとう箱には、おにぎりが2つ。のりで女の子の顔に仕立てられ、卵色のスカートをはいていた。

そっとべんとう箱を差し出す祖母に、「バナナクリームパンがいい!」と泣き出した私。大暴れの末、幼稚園に向かう途中で欲しかったパンを手に入れ、ようやく泣き止んだ。

母は弟の出産で入院中。叔父夫婦と暮らす祖母が、泊まり込みで面倒をみてくれていた。普段は厳しい母親がいない開放感からか、なかなか買ってもらえない菓子パンにありつけるのは「今しかない!」と思っていたのだ。

その思い出は心の中にしまわれ、私は仕事や恋愛に忙しい大人になり、未来の家族と出会った。結婚式当日、80歳を超えた祖母は私の手を取り「大きくなったねぇ。黄色いお帽子かぶった幼稚園生だったのにねぇ」。突然、黄色い帽子と、バナナパンの黄色がフラッシュバックした。そして、あの、のりと卵焼きで女の子に仕立てられたおべんとうも。

今ならわかる。どんな気持ちで祖母が小さなおべんとうをつくってくれていたのかを。40年ぶりの子育てに戸惑い、孫のわがままもかわいいと許してくれた気持ちを。

バージンロードを歩きながら、涙がとまらなかった。

今でもひそかに期待する手紙べんとう

長谷川仁美・30歳・会社員

「ほかに何か入ってないかな」、おべんとうの包みを開けるたびにそう思うようになったのは、小学校5年生の夏からだ。その朝、私は2泊3日のキャンプに出かけた。飯盒や寝袋を詰め込んだリュックは重く、お昼前には腹ぺこだった。

大判のハンカチの結び目を解くと、おべんとうの上に白い紙が乗っている。四ッ折にされた、大人が使う薄手の便箋。「なんだろう」と読んだ途端、ぐっと胸が詰まり、慌ててておむすびをほおばった。並んで座る友達に、私は今、話すことができないのだと装うために。

『お友達とキャンプに出かけられるほど、あなたは大きくなったのね。3日後、家に帰ってきたらもっと頼もしくなっているのでしょう。あなたの帰りを楽しみに待っています。母より』縦書きの便箋にボールペンで走り書きされたその文字は、大人から大人への手紙のようだった。

あの手紙の行方はわからない。それでも、おべんとうの包みを開けるとき、私は今も白い便箋をどこかで期待している。

父の勘違いと娘の自慢

山田ますみ・38歳・専業主婦

幼いころ、父がつくってくれたおべんとうといえば、お茶漬けの素を具にしたのり巻き、ふりかけをまぶしただけのちらし寿司。父は自分のことを「アイデアマン」とか「マメな父親」って誇らしげに言ってたけれど、見た目も悪いしもちろん栄養なんて考えちゃいない。それでも私たち娘にとっては、なぜかおいしくて自慢のおべんとうでした。

先日、息子の運動会に来た父は、夫の詰めたおべんとうを見て、「純はマメな父親だよな。私にはここまではできなかったよ」。そのひと言は、私には少しだけ寂しく聞こえました。だって、娘というのはいつまでも父親に「自分が一番」って勘違いしていてほしいものだからです。だから、今度会ったらこう伝えたいと思います。「パパ、あのヘンなおべんとう、おいしかったよ。また食べたいな!」

衛生学の立場から

食中毒をシャットアウト！

安心で安全なおべんとうづくりのために

女子栄養大学衛生学教室　上田成子

おべんとう箱に詰めかえるだけで、いつもの食事がグンと楽しくなる！　公園や遊園地などアウトドアへ持ち運べば、おいしさもひときわですね。そんな、つくったときからちょっと時間をおいて食べるおべんとうは、衛生面への注意、いたみにくい食材選びや調理法など、食中毒に対する細心の注意が必要になります。新しい「食」の提案の最後は、衛生学の立場から食中毒を予防するポイントを紹介したいと思います。

梅雨時から秋のはじめまでは要注意！日本の夏は細菌の増殖にうってつけ

食中毒の原因を大きく分けると、細菌、ウイルス、化学物質、自然毒などがあります。なかでも、ノロウイルス食中毒は、全発生数の28％を占めています（２０１１年時点）。

細菌性食中毒には、「感染型」（原因菌が食品とともに体内に取り込まれて増殖する）と「毒素型」（原因菌が食品に付着しているときに、または体内に取り込まれたあとで増殖する際に毒素を発生させる）の２種があって、先ごろ話題となったO−１５７や、日本での食中毒原因の３本柱といえるサルモネラ、腸炎ビブリオ、カンピロバクターは「感染型」です。

これら感染型食中毒菌にとって、最も快適な温度は36〜37℃。湿度も気温も高くなる日本の夏は、菌の繁殖に格好の季節なのです。菌種によっては、20〜30分に１回分裂するものもあるので、この好条件のもと急激に増殖。わずかな時間で、体内に入ったときに食中毒を起こす危険な数（１万〜10万個程度）に達してしまいます。

患者の発生数は、梅雨時から増えて、そのピークは真夏の８月ごろです。また、最近は暖房をきかせた冬場にも多発しているので、１年を通して油断できません。

食中毒が起こる原因のほとんどが衛生面への知識不足です

お腹が痛い、吐き気がするなどの症状が見られても、家庭では「お腹をこわした」「体調が悪いだけ」と、食中毒は軽く扱われがちです。医師に診てもらうなどの、きちんとした対処がなされないために、重症化したり、死亡したりする例もあります。とくに小さな子どもは、大人よりも免疫力・体力が弱いので気をつけなくてはなりません。

食中毒が起こる原因は「食品そのものが汚染されていた」というよりは、食品を取り扱う人や、食べる人の衛生面に対する「知識不足」によるものがほとんどです。食品を常温で長時間放置した、加熱調理が不十分であった、手指の洗浄がいいかげんだった…など。調理器具を介して、食器や食品が二次汚染されたという事例もあります。

つまり、家庭での食中毒は、料理をする人や食べる人がきちんとした知識を身につけて、衛生管理をおこたらないことで、防ぐことが可能だということです。食中毒の予防策を生かして、いつでもどこでも、安心して楽しいおべんとう生活を楽しみましょう。

安全なおべんとうづくりのポイント

ココに注意！

1. 完全に火を通す
2. 汁気を少なく仕上げる
3. 加熱後は包丁を入れない
4. 酢など殺菌力のあるものを使う
5. 完全に冷ましてからふたをする

❶完全に火を通す

おべんとうは食べる当日につくり、前日に調理したものは火を通すようにしましょう。ほとんどの食中毒菌は、75℃で5分加熱すれば死滅すると言われています。肉などのおかずも、普段の調理よりも時間をかけて、中心部まできっちりと火を通しましょう。

❷汁気を少なく仕上げる

菌は水分が多いほど繁殖しやすい。水分の少ない食材を選んだり、煮詰めるなどして水分を飛ばしておくこと。煮物を入れるときには片栗粉で水分をとじるなど工夫しましょう。

❸加熱後は包丁を入れない

まな板や包丁に付着していた菌で、二次汚染するおそれがあります。

❹酢など殺菌力のあるものを使う

酢（有機酸に殺菌効果）、お茶（カテキンに殺菌効果）などをうまく活用しましょう。

❺完全に冷ましてからふたをする

熱いままふたをすると、おべんとう箱に熱がこもり、冷めたときに湯気が水滴になって食品に付着して菌が増える原因になります。また、温かさの残る（36℃前後）保存状態では、菌の温床にもなります。

❻その他

ご飯とおかずを別々の容器に入れたり、おかずを一種類ずつ仕切ることで、より食材の変質を防ぐことができます。夏場には、心がけたいものです。

★とくに夏場は、気をつかってもつかいすぎるということはありません

食品別〝食中毒〟撃退法

ご飯とパン

◆ご飯は当日の朝炊いたものが理想。

◆残りご飯を使うときは、炊きたてを冷ましてから冷凍しておき、電子レンジで加熱したものを。

◆ご飯にのせるとしたら、梅干、ゆかり、ごま、塩こんぶなど水分の少ないものを選ぶ。ふりかけは別持ちで持参するといい。

◆夏秋は、炊きこみご飯、チャーハン、ピラフなど異なる種類の食品が接する具入りご飯は、いたみやすいので極力避ける。

Point

おにぎりはラップ包みで！

直接人の手が触れないようにラップに包んで握り、のりも別に持参するのがベスト。手荒れがひどい場合は素手で握ることは厳禁です。ラップ包みなら、手も汚れないし一石二鳥！

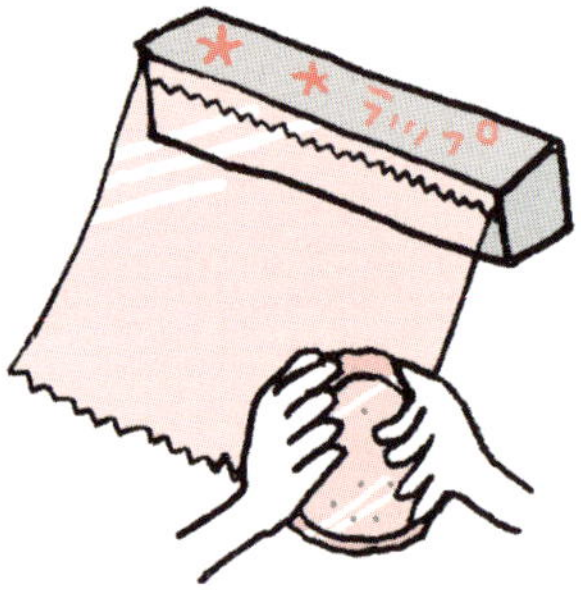

Point

梅干は万能選手ではありません

ご飯に梅干（塩分と酸に抗菌作用）が1個のっていると、おべんとう全体がいたみにくいと思われているようですが…。その抗菌効果は、梅干の周囲にあるご飯の一部分にしかおよばないのです。なかには病原性大腸菌など酸に対して強い菌もあるので過信は禁物。

卵

◆卵はサルモネラ菌に汚染されやすいため、65℃で10分以上過熱することが望ましい。

◆卵焼きに殺菌作用がある酢（10％）を入れるのも効果あり。

◆だし巻き卵は、だしを少なめに。スクランブルエッグも半熟を避けて。どちらも完全に火を通す。

◆極力、ゆで卵に包丁を入れない。殻つきのまま持参したい。

肉・魚

◆完全に火を通す。

◆「小さく切る」「薄く切る」「切り目を入れる」。肉なら薄切り、小ぶりに切ったものを使って火の通りをよくする。

◆揚げものなどの高温調理は殺菌効果が大きい。うっすらと色づいて、さらに2〜3分揚げる。揚げた後で切るのは極力避ける。

◆調味はできるだけ加熱する前（下味）にすませ、いくぶん濃い目に。

Point

ハムやちくわは必ず火を通して！

ふだんは加熱しないで食べられる食品ですが、冷蔵食品なので、常温では非常にいたみやすくなります。できるだけ火を通しましょう。ちくわの穴にきゅうりやチーズを入れるおかずも、夏場のおべんとうには不向きです。

野菜

◆加熱することが基本。「ゆでる」「炒める」「煮る」などのいずれの加熱でも、水分を少なく仕上げる（電子レンジ加熱は水気が少なく仕上がる）。

◆水分の少ない野菜（にんじん、さやいんげんなど）を選ぶ。

◆煮物は炒り煮にすると煮汁がとぶのでよい。

◆和えものは汁気が出るので、夏場は避けたい。

◆揚げものは、水分がとぶのでのぞましい。

◆夏場はとくに食べ物の仕切りに生野菜を使わない。

Point
ゆで野菜も再加熱を

前の晩にゆでた野菜（ブロッコリー、ほうれん草など）は、冷蔵庫から出したあとで急に菌の数が増えてしまいます。当日の朝に必ず火を通しましょう。

冷凍した野菜や肉・魚介類……

◆冷凍野菜は、凍ったまま加熱。

◆冷凍の魚介や肉は前日に冷蔵庫に入れて解凍するか、電子レンジで解凍する。

◆室温での解凍は避ける。

Point
前夜の残りものには電子レンジが便利

前夜の残りものや、つくりおきのおかずは、冷蔵庫に入れておき、翌朝75℃で1分以上、中心部にまでよく火を通すこと。再加熱に電子レンジを使うと加熱と同時に殺菌効果も期待できますが、加熱むらができることがあるので注意してください。

安全なおべんとう　きほんのき

清潔第一！……

きちんと洗った手、清潔な調理道具…おべんとうづくりの最重要ポイントは衛生面への配慮です。

つめは短く切ってありますか？　つめの長さと菌の数は比例関係にあるというデータもあります。調理の途中では、髪の毛や鼻の頭にさわることもガマンを。生ものにさわったあとなども、こまめに手を洗いましょう。

また、おべんとう箱へ詰めるときは、できるだけはしやスプーンを使うようにしましょう。

おべんとう箱に気配りを……

◇かたち

すみずみが洗いにくいかたちは避けて。

◇毎日の洗い方

よく洗って熱湯をかけて乾燥させます。ふたの内側についているパッキンは、汚れがたまるばかりかカビがはえやすいもの。毎回取りはずして洗い、熱湯をかけ、しっかり乾いてからはめこんでください。

◇包み方

完全に冷めてからふたを。包むものは通気性のある布がおすすめです。

キッチリ冷まして、クールにキープ！

はやく冷ます方法……

冷めにくいご飯は、平らな皿に広げましょう。保冷剤を下に敷いたり、うちわであおいだり、扇風機やドライヤーの冷風をあてるのもＯＫ。

保冷剤でクールに持ち運ぼう……

ケーキなどについている小さな保冷材を、おべんとう箱にあてて持ち運ぶと、温度を低く保つのに役立ちます。

市販の冷凍食品を入れるのも一手。凍らせたプチゼリーや凍ったまま使うだし、きちんと中身のご飯やおかずを冷ましきったあとに入れること。

せっかく保冷剤を入れても、温度の高いところや日の当たるところへ置いては、かえって菌を増やすことに。できるだけ涼しいところに置いておきましょう。

おべんとう INDEX

著者紹介

太田百合子（おおた・ゆりこ）

管理栄養士。東京家政大学管理栄養士専攻卒業後、病院勤務を経て、1985年より（財）児童育成協会こどもの城小児保健部に勤務。現在は、「こどもの城小児保健クリニック」で、妊婦から子どもたちまで幅広く栄養相談を行ない、小児肥満のための教室や指導者向け講習会などの企画を担当している。著書は、『見直してみよう間食』（少年写真新聞社）他多数。

田中可奈子（たなか・かなこ）

料理研究家、フードコーディネーター。女子栄養短期大学卒業。千葉県柏市の自宅で「kanako's kitchen」を主宰。身近な食材で健康を考えて、おいしくおしゃれに作る料理が好評。親子クッキングや、食育の料理講習会、育児雑誌、本の出版など幅広く活躍している。著書に、『朝ねぼうさんのおべんとうレシピ』（グラフ社）、『塾べん&合格ごはん』（主婦の友社）、『干し野菜レシピ』（ぴあmook）などがある。
【HP】http://kanakokitchen.com

井口由子（いぐち・ゆうこ）

臨床心理士。早稲田大学第一文学部心理学科卒業後、東京都の心理技術職を経て、西ドイツ（当時）のテュービンゲン大学医学部児童青年精神科にて2年間の研修を受ける。1985年より（財）児童育成協会こどもの城小児保健部に勤務。「こどもの城小児保健クリニック」にて、子どもたちの心理相談を行なっている。現在、小児保健部長。著書に、『知りたい！ 心とからだの身近なQ&A』（中央法規出版・共著）などがある。

上田成子（うえだ・しげこ）

獣医学博士。女子栄養大学栄養学部卒業後、1989年まで日本大学大学院獣医研究科獣医公衆衛生学研究員。現在、女子栄養大学栄養学部衛生学教室教授。細菌性食中毒の生態や菌学、生態系での発症機構を専門に研究している。講演会や執筆などで、食中毒予防に対する啓蒙活動も積極的に行なっている。著書に、『食中毒ー予防と対処のすべて』（法研・共著）などがある。

本書では、栄養学や生活指導の立場から太田百合子先生、献立と調理については田中可奈子先生、発達心理学の立場から井口由子先生、衛生学の立場から上田成子先生がそれぞれ担当しました。

アートディレクション………… 大六野雄二
デザイン……………………… 川田真実／野澤志江（エッジ・デザインオフィス）
料理撮影……………………… 横山新一（so-planning）
表紙撮影（おべんとう箱）…… 遠藤宏
スタイリング………………… 伊豫利恵（so-planning）
イラスト……………………… 一志暖夏／三角亜紀子／よしだみぼ
編集協力……………………… 中川眞寿美
撮影協力……………………… 株式会社イエロースタジオ
フランフラン渋谷店
株式会社フェリシモ
立花容器株式会社

本書での［子ども1人］の分量は、350mℓ前後の容量のおべんとう箱に詰めた量を目安としています。

1〜5歳のおべんと生活

発行………… 2004年 9月15日 第1版第1刷発行
2012年10月17日 第1版第6刷発行
発行人……… 小山朝史
発行所……… 株式会社 赤ちゃんとママ社
〒160-0003 東京都新宿区本塩町23番地
電話 03-5367-6592（販売）
03-5367-6595（編集）
http://www.akamama.co.jp
振替 00160-8-43882
印刷・製本…. 図書印刷株式会社

ISBN978-4-87014-037-0

赤ちゃんとママ社の本

あくまでも子どもが主役！

いま、幼稚園を選ぶ

なに見る？　いつ見る？　どう決める？

◎監修…大豆生田啓友　◎協力…汐見稔幸／渡邉英則

定価　1,365円（本体1,300＋税５％）
ISBN4-87014-034-9

幼稚園選びの決定版、ついに登場！

「幼稚園」とひとくちに言っても、いろいろな園があります。少人数で家庭的な園、園庭が広く自由に遊べる時間の多い園、一日中、机に座って「お勉強」をする園…。どの幼稚園に行くかで、子どもの3歳、4歳、5歳の過ごし方は大きく違ってきます。

では、親としては、どんなふうに幼稚園を選んだらいいのでしょうか。この本では「幼稚園とは、どんなところか」「子どもにとって、いい幼稚園とはどんな園か」をわかりやすく解説し、悔いのない幼稚園選びのヒントを提案します。

おもな内容

幼稚園の一日／幼稚園は今…／幼稚園ってなんのため？／幼稚園は何歳から？／地域の園情報を集める／園見学に行こう／いざ、入園決定まで／子どもに合った幼稚園を選ぶには（Q＆A）／「幼稚園のサービス」を考える／幼稚園選び・私の場合／鼎談「どうしたら保育の質を見抜けるか」（大豆生田啓友×汐見稔幸×渡邉英則）

幼稚園のころ　ママの悩み相談100

◎育児文化研究所・編

幼稚園生活を、もっと楽しくする一冊！

電話相談に寄せられた幼児期の子育ての悩み、ママ自身の悩みに小児科医、発達心理学者、保健師、幼稚園の先生方がやさしくアドバイス。迷えるママ、ページをめくってみてください。一緒に悩んでいる子育て仲間とエールを送ってくれる先生たちに、勇気１００倍！

おもな内容

もうすぐ入園／幼稚園生活のこと／友達との関わり／生活としつけ／食事の悩みと心配／言葉の気がかり／気になる行動・クセ／おしっこ・うんちのトラブル／学習・おけいこごと／からだの心配とケア／お母さん同士のこと　他

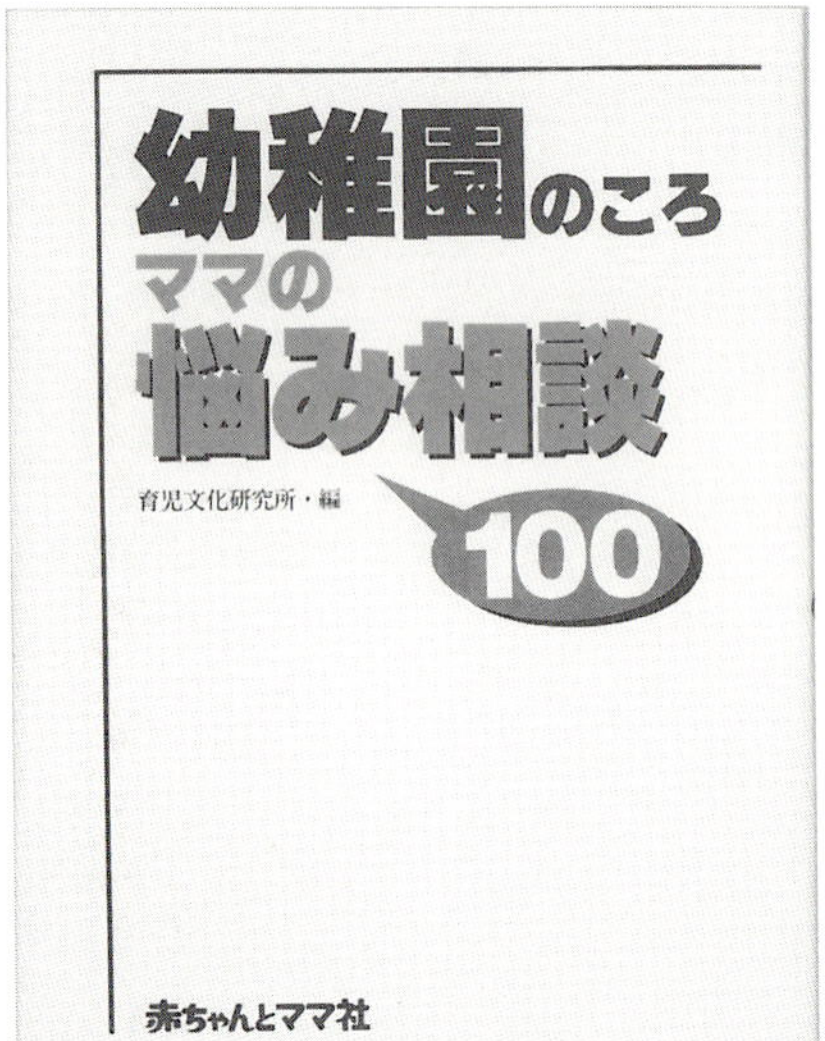

定価　1,470円（本体価格1,400円＋税５％）
ISBN4-87014-017-9

購入方法

①書店で購入または注文する
②電話で注文する（ブックサービス　TEL 0120-29-9625）
③赤ママのホームページで注文する
http://www.akamama.co.jp